地方議会活性化マニュアル

ふくおひろし

インパクト出版会

目　次

第一章　議会は人権侵害の集積所

標的は市民派・無党派と女性議員

市民派と称する無所属議員が全国的に増加の傾向にある。また、市民派と名乗ることが革新系をイメージしているのが嫌で、単に無党派を名乗る議員もいる。その一方で既成政党の議員はその存在が気になるのか、無所属議員に対する嫌がらせやいじめ、果ては人権侵害の攻撃があとを絶たず、多くの場合、群れることをしない女性議員がその標的にされている。

議会は男社会と言われるように極端に女性議員が少なく、男同士で結構なれ合っている中で、なれ合いに加わらず原則的な主張をする女性議員が煙たくて異端視される傾向がある。時代遅れの男尊女卑の思想から抜け出せない男性議員は、女性議員に従順なかわいらしさを求め、行政やなれ合いの議会運営に批判的な議員には特に拒否反応を強く示していじめに回るものである。

いじめや嫌がらせとわかっていても、反発して戦うどころかその場を納めるために簡単に謝ってしまう議員は、言いたいことも主張できずに並の〝税金食い〟の議員として生き残る道しか残されていない。

男女を問わず、自らの失態でつけ込まれる議員もいるから、一概に無党派の議員が不当な被害を受けているとは言えないし、かえって女性の地位の向上に逆行するような言動の女性議員もいる。既成政党の議員と同様、市民派、無党派の議員も玉石混淆ということである。

ある市民派の女性議員のレポートに、「わたしたちは議会運営など勉強している時間はない。政策の実現が先である」との主張があるのをみてびっくりしたことがある。

議会運営が閉鎖的で少数派の発言の場を極端に狭めているのが現在の地方議会の実情だから、その遅れた現状を肯定していては何も解決しない。そこに攻め込まずに、「持時間が少ないから……」「議会運営委員会で『質疑も討論も省略する』と決められていたから」と言い訳して思うような活動ができないと言っても説得力はない。

極論かもしれないが「開かれた議会」と「徹底した情報公開」に無関心な議員は市民派を名乗る資格はない。では、政党所属の議員が無所属の議員より勉強しているかというと、決してそういうことはない。各地の議会の政党所属議員の生の姿をつぶさに知ると、その資質のお粗末さばかりが際立っている。政治が一向によくならないはずである。党で公認する以上、少なくとも憲法や地方自治法の研修くらいはやってくれよと言いたくなる。

全国的には、既成政党の議員の妨害を受けながらの多くの市民派議員の戦いがあるが、次に上げる事例はたまたま筆者がいろいろとアドバイスして共に戦い、当の女性議員が鮮烈な成果を上げた事例なので取り上げてみた。発言妨害と人権侵害にただ一人で立ち向かって完勝した貴重な記録だからこそ、苦戦を強いられている全国の少数派の議員を力づける参考例になるはずである。

共産党議員が私信の調査を要求

鹿児島市議会の〇三年六月定例議会の出来事である。

反原発の小川みさ子議員（市民派）が一般質問で、九州電力見学の学校の児童・生徒に対する会社側の過剰なサービスに触れ、「そうまでして原発賛成派を増やしたいのか」と批判したところ、同電力出身の民主党系のS議員が議会運営委員会で、「質問中に自分の意見を述べたのはおかしい」などと的外れな言いがかりをつけた。その不当な攻撃にただちに呼応したのが自民党。なんと共産党の平山たかし議員もただちにそれに追随して攻撃に加わったのである。

彼らは、一般質問中の字数にすればたった数十字程度の小川議員の九州電力批判発言に、質問と質疑を混同して執拗な攻撃を展開していたが、そのうちに言いがかりをつけたS議員が勘違いを認め、議会運営委員会で発言を全面的に取り消して陳謝してこの件は一応の決着をみたが、わずかな救いは、議長が学説を交えた見解を示して「質疑も質問も絶対に自分の意見を述べてはならないというものではない。今まで通り、自由に発言してください」と質疑と質問を混同した自民、共産のむちゃな解釈を退けたことである。だが、問題はそれだけでは済まなかった。議会運営委員会（議運）の中で平山たかし議員は、間接的に入手した小川みさ子氏のEメールの中に平山氏を不当に批判した部分があるとして、議会運営委員会にその調査を要求したのである。

○平山議員の問題発言の要旨（議事録抜粋）。
「小川議員のＥメールについては、ぜひ、事実関係の調査を議運の責任においてやっていただきたい。市民の前に議会として明らかにしていただく方策を提案する」
○くだんのＥメールの一部。
「質問の前に意見を言うのは、会議規則五四条に抵触するなどと自民党、民主党、原発反対の共産党議員までもが九電（九州電力）議員のカタを持ち集中砲火を浴びている状況です。川内原発増設反対の社民党、公明党からは攻撃はありません」

これは小川氏が事実を書いただけで誇張でも間違いでもない。

平山氏が小川氏の一般質問にケチをつけた一件は「長年議員をやっていても、会議規則も知らないお粗末」の一語で片づけられるが、私信の調査は違憲・違法である。平山氏は議会には万能の権限があると思っていたようで、「検閲は、これをしてはならない。通信の秘密は、これを侵してはならない」と定めた憲法二十一条②項に挑戦したのである。

小川氏はこの人権侵害を放置しておくことはできないと戦いを始めた。

地方議会には強制力の伴う「百条調査権」が付与されているが、その調査権の及ぶ範囲は「地方公共団体の事務」に限られ、行政に無関係な民間団体や個人の行為には及ぶものではない。当然、議会運営委員会にそれ以上の権限があるわけではない。しかし議運の委員長は平山氏の要求を無批判に受け入れ、七月二十三日の議運の協議事項に「議員のＥメールでの発信内容に関する件について」と載せて会議を招集したのである。これは憲法を無視した地方議会史に残る汚点である。

小川氏は協議事項が違憲であるとして当日の会議の出席を拒否し、その理由を文書で議長と議運委員長に突きつけたが、議運委員長はなぜか、その文書の内容を委員に説明しなかった。そこで小川氏は再度文書で申し入れ、次の八月四日の会議に出席して反撃に出たのである。

そのころ、鹿児島市議会を徹底批判した東京発の三発の〝ふくおひろしの紙爆弾〟（筆者のレポート）が鹿児島市役所に次々と着弾し、孤立していた小川氏を強烈に援護した。

また、わたしは羽田空港で小川氏と落ち合い、二時間にわたって問題点を整理して助言した結果、小川氏は理論武装して次の会議に臨み、完勝したのである。小川氏の反撃の理論はただの一撃だった。

「議員のものでもどなたのものでも、Ｅメールは私信である。その検閲は憲法違反。地方自治法、会議規則、委員会条例に照らしても、市議会に検閲や調査権などは付与されていない。協議事項から削除しなければ法的手段で対抗する」

平山氏は小川氏の憲法違反との指摘に度肝を抜かれたのか？　沈黙に追い込まれ、同氏に同調の構えを見せていた自民、民主の議員は思わぬ反撃にたじろいだのか、一言の援護の発言もなかった。

ここで議長が、Ｅメールの協議には憲法上の疑義があると示唆し、協議打ち切りに誘導し、実質協議に入ることなく打ち切られたのである。議長と議会運営委員長は、小川氏に突きつけられていた文書に目を通し、議会事務局長の助言を受けながら事態の打開を考えていたのだろう。

公式な場所で恥をかいたのは平山議員。この一件で鹿児島市議会の共産党は議運をあたかも新人や女性議員に対する糾弾の場のように考えて、その先頭を走っていた影響力を一気に失った。

一人の市民派議員の正論の前に議運のメンバーは目が覚めたのか、自分たちの不勉強を恥じたのか、以来、本会議の小川氏の発言中のヤジもなく、市民派攻撃はピタリとなくなったということである。

こうして鹿児島市議会の議会運営委員会はこの事件を期に、誰かが口火を切ると何でもそのまま議題としてきた長年の悪弊を改めたというが……。

脱線・逆走を阻止した市民派

〇四年四月の市議会改選後の各派交渉会の最中、新人の上柿勉議員（保守系？）が無断退庁した問題で、議会運営委員会が何日も不毛な議論を繰り返し、莫大な税金（費用弁償）だけがどんどん無意味に浪費されていた。

当の上柿氏は非を認めて謝ると言っているのに、自民、民主などの多数派は議運の場を以前のように議員の糾弾の場にしようとしていたようだ。

誰かが口にするとなんでも議題としてきた議運の運営が批判されたのを意識して、議運の役割に「議長の諮問に関する事項」とあるのを悪用して、議長から諮問させるという戦法を編み出したのである。そんなことを許せば元の木阿弥になるだけだ。

市民派の小川みさ子議員と野口英一郎議員の二人は、「非公式な会議のことであり、その種の問題を議運の協議事項とするのは地方自治法の規定と議運の役割になじまない」と主張した。二人が議会事務局調査課を通して問い合わせた総務省と県の地方課、全国市議会議長会の見解はいずれも同じ「協議事項になじまない」というもので、詳細は「議員必携」（学陽書房）の運営基準に載っている通りだった。

ところが、議運で議論している段階で、中立な立場をかなぐり捨てた正副議長と議運の正副委員長は多数派にくみし、「（無断退庁は）議会運営の基本にかかわること」と一方的な「見解」なるものを出したのだからあきれたものである。不馴れな新人をいじめの舞台となっている議運の場に無理やり引きずり出そうとしている多数派の思惑通りの極めて恣意的なものである。

上柿氏の行動は常識に欠けていたが、新人ゆえに不馴れなこともあったのだろうし、ご本人が反省しているのなら、「今後はこのようなことがないように……」と、議長が言えば済むことである。議運を再びいじめの場にしてはならないと、小川みさ子議員が発言すると、言葉尻を捉えて大声で言いがかりをつけたのは民主党のふじた太一議員だった。小川氏は恐怖を感じセクハラと受けとめていたようだ。余りのひどさに小川氏は「逐一答える気はない」と言ったところ、ふじた氏は机を叩き激昂して席を蹴って立つ〝ご乱心〟ぶりなのに、前記の「見解」には小川氏のこの発言を指し、「遺憾である」と述べている。

大園盛仁議員（平成の会）が「議運が議員を糾弾する場となっている」と自身が感じていることを発言したところが、これも「見解」では「不適切」と断定しているが、それは自分たちが過去にやってきたことを忘れた「不適切」なものである。

結局、何日目かの議運の協議に先立ち、議長室を訪ねた小川氏が理路整然と整理した文書を議長に見せ、議運で読み上げて反撃に転じたところ、何日も続いていた感情的な議運が嘘のように、何事もなかったかのように納まったというからおもしろい。反撃しなければどうなったかわからない。

議運が新人や少数派のいじめの場になっていたのは鹿児島市民は知っているし、わたしも全国各地の〝痴呆議会〟を取材しているので多少は承知している。

議運を以前の状態に逆行を許すことがあれば、「議員の家族が交通違反で反則切符を切られた」「議員の息子が税金を滞納していた」などと、議運が関係の議員の糾弾の場になってしまうだろう。「まさか？」と疑問を抱かれる読者の方は、次の事例をお読みいただきたい。

違法・不当ないじめの数々

◎選挙のために学校からマイクのスタンドを借りた人物の兄弟が市議だったことを理由に、議運でその議員を追及して得意になっていたのは今も女性議員を恫喝して喚きまくっている議員たちだ。そのような事実を公にしたいのなら、教育委員会に学校管理上の問題点の質問をすれば済むことである。
◎議員が委員会視察中の自由時間に飲み歩き、入った先がピンクサロンであることに気づいて入り口からすぐ出てきたことを誰かに聞き、議運で検事の真似事をやり、新人の議員たちを徹底的に痛めつけたのは当時の共産党の和田某。
◎〇四年、市民派の小川みさ子議員の私信のメールを手に入れ、内容にケチをつけ、「議会運営委員会の責任で調査して市民の前に明らかにせよ」と喚いて恥をかいたのは平山たかし議員（共産党）だ。憲法と地方自治法を読んだことがないのか？　法理論を展開した小川氏の反撃に遭い、沈黙に追い込まれて〝死に体〟になったのは記憶に新しい。わたしの強烈な〝紙爆弾〟の批判を受け、インターネットで広く知れ渡り、平山氏は党の査問を受けたと聞くが、よく除名にならなかったものだ。

小川氏は市役所内で平山氏の夫人からお詫びの言葉をいただいたと言っていたが、夫婦でも人格は別だ。本人がきちんと謝罪することが肝要だ。

議会運営委員会には万能の権限が付与されていると勘違いしている議員がどこの議会にもいる。そのような議員は、権限もないのに議会運営委員会で何でも取り上げては少数派いじめに精を出す。極端な例としては鹿児島市議会の議会運営委員会を懲罰委員会のつもりで幅を利かせていた共産党の和田某。やがて自身の不祥事が暴露されて議員辞職に追い込まれるという体たらくだった。

同市議会で新人時代の小川みさ子議員（市民派）が不当な言いがかりをつけられた「年賀状事件」というあきれた一件がある。からんだのはくだんの共産党の議員だった。

当の小川議員の初当選の頃、小川氏の母親が後援会の名義で何枚かの年賀状を出したうちの一枚が運悪く？　共産党議員の手に渡った。公職選挙法で議員の年賀状は答礼のための自筆のもの以外は禁止されているから、近親者でも後援会の名義では出せないのかもしれない。しかし、共産党議員がこれを議会運営委員会で取り上げれば、ほぼ自動的に議会運営委員会の議題となるところに同市議会の異常さがあった。まるで懲罰委員会も及ばない、取り調べのような追及の場になるのだから、市民派に限らず新人は震え上がることになる。

和田某の失脚で議会運営委員会が正常化すればよかったのだが、残った同党の平山たかし議員にその手法が引き継がれ、その無知で勝手な体質が禍し、人権侵害事件の加害者となり、小川議員の反撃に遭って自らが〝死に体〟の醜態をさらすことになったのである。

過去の議運に戻したくないと、小川、野口の市民派の二人が市議会の名誉を守りたいとの思いで主張し、上柿氏をかばっていたのだろう。議員は五十人もいるのだから、議運の現状に批判的な議員もいたようだが、誰も声を上げないようだった。

任期の初めに議運の脱線・逆走を阻止した小川、野口両氏の頑張りにエールを送り、市民感覚が通用する議会に改革してもらいたいと期待する。

これらの戦いを顧みて小川みさ子氏は、「戦いが道を切り開くことを学んだ」と言っている。理論武装による反撃の気構えと、有形無形の議会の外からの支援の動きが勝利を呼び込んだ例として、全国の市民派、特にいじめや嫌がらせを受けることの多い女性議員に大きな教訓を与えたはずである。

議運は不当・違法ないじめの場

議会運営委員会は地方自治法で役割が規定されていても、そんなことはどこ吹く風とばかりになんでも議題として弱いものいじめに精を出しているあきれた議会が多い。

傍聴規則を盾に意地悪し、「凶器になる恐れがある」と難癖をつけ、傍聴に来た肢体不自由者の杖を取り上げたというあきれた事件もある。その人が市民派議員の支持者だったことが嫌がらせの根底にあったようだが、果たして自身の支持者でも同じ主張を展開するのか。とにかく「坊主憎けりゃ袈裟まで憎し」と人権なんて考えることなく暴走するのがこの世界。市民派がいじめられているときには、自身にいじめが跳ね返ることを意識するのか、誰も不当な攻撃をたしなめることはしない。

下駄履きの傍聴者を締め出した議会もある。下駄履きでもかかとを上げてつま先で歩けば音はしない。それでも駄目だというのだから和服は駄目と言うに等しい。こうなると嫌がらせである。締め出されたご本人の話によると、この下駄履き氏はいつでも下駄を履いている人物で、議会批判の情報誌を発行しているために議員に嫌われ、仕返しを受けたようである。

筆者が七期・二十八年在籍した武蔵村山市議会でも時々、とんでもない場違いな発言が飛び出した。例えば、わたしの「議会通信」の中に「敬称略」と断りがあるのにその漢字が読めないのか、保守系の議員に頼まれて「地域から（利益代表として）選ばれている議員（隠れ自民党）を呼び捨てにしているのはけしからん」等々のケチをつけて懲罰を求め、議会運営委員長から「この会議で協議することではありません」と、ぴしゃりとたしなめられたアホ議員（社民）もいた。

このような暴走を防ぐために、議運の協議事項の趣旨の徹底を図り、議員に交付されている「議員必携」（学陽書房）の「議会運営委員会の運営基準を準用する」と確認しておく方法がある。

地方自治法の百九条の２に議会運営委員会に関する次の規定がある。

議会運営委員会は次に掲げる事項に関する調査を行ない、議案、陳情等を審査する。

(1)　議会の運営に関する事項

⑵　議会の会議規則、委員会に関する条例等に関する事項
⑶　議長の諮問に関する事項

細部に関しては条例で定められているわけではないので、この⑴から⑶の協議事項に関する認識がなく、細部にわたる確認がなされないままに運営していると、冒頭に挙げた鹿児島市議会の共産党、自民党、民主党の委員のように、何事でも議題とすることが出来ると思い込み、議会運営委員会は違法、不当ないじめの場と化してしまうのである。

議員にも案外知られていない「議会運営委員会の運営基準を準用する」と改選のたびに確認しておけば、議会運営委員会は本会議で付託された特定の事件の調査・審査のほかはすべて協議の場であることがわかり、新人や女性議員に対する不当、違法な追及や干渉、いじめは根絶するはずである。また、難癖をつけられた議員は「何を根拠にわたしがこの会議の中で糾弾されなければならないのか」と反撃に出る根拠とすることができる。この程度の理論武装は少数派にとっては必要不可欠なものである。

【参考資料】

議会運営委員会の運営基準（『議員必携』学陽書房より）

議会運営委員会は、議会運営に関する諸般の協議を目的とし、おおむね次に掲げる事項について協議する。

1　議会の運営に関する事項

①　会期及び会期延長の取扱い

②　会期中における会議日程
③　議事日程
④　議席の決定及び変更
⑤　発言の取扱い（発言順序、発言者、発言時間等）
⑥　議事進行の取扱い
⑦　説明員の出席の取扱い
⑧　議会の施設の取扱い（議員控室、委員会室、傍聴席等）
⑨　議長、副議長の選挙の取扱い
⑩　一般質問の取扱い
⑪　緊急質問の取扱い
⑫　特別委員会設置の取扱い
⑬　委員会の構成の取扱い
⑭　委員会の閉会中の継続審査（又は調査）の取扱い
⑮　議長、副議長及び議員の辞職の取扱い
⑯　休会の取扱い
⑰　議会内の秩序の取扱い
⑱　議案の取扱い
⑲　動議の取扱い（修正動議を含む）
⑳　議員提出議案（条例、意見書、決議）の取扱い
㉑　長の不信任決議の取扱い
㉒　議員の資格の取扱い

㉓　特殊な請願、陳情の扱い
㉔　その他議長が必要と認める事項

2　議会の会議規則、委員会に関する条例等に関する事項
①　会議規則、委員会条例の制定、改正
②　議会事務局、議会図書室設置条例の制定、改正
③　その他規則、条例等これに類すると認められる事項

3　議長の諮問に関する事項
①　議会の諸規程等の起草及び先例解釈運用等
②　傍聴規則の制定、改正
③　常任委員会の所管の調整
④　慶弔等に関する事項
⑤　海外研修に関する事項
⑥　その他議長が必要と認める事項

「議会だより」で議員の人権侵害

鹿児島市議会の共産党議員による人権侵害事件では、曲がりなりにも議長が問題の収拾に動いたが、ここに上げる武蔵村山市議会の事例は、議長が多数派を代表する形でいじめの先頭で人権侵害

の加害者となった事例である。また、被害者も決然と対応できなかったことが泥沼にはまる原因を作った点で極めて珍しい事件である。

武蔵村山市議会の〇三年十一月十五日発行の「議会だより」第146号に大きなスペースで「お詫び・善家裕子」で始まる陳謝文が掲載された。事実関係を調査してみると「議会だより」のこの部分は虚偽情報で、これによって人権を侵害された被害者は善家裕子議員（無所属）。虚偽情報の受け手は全市民である。

同市議会の「議会だより」の発行は原則として定例会の閉会の翌々月の一日となっている。たまたまそれが二週間ほど遅れたことから、その遅れた理由は複数あるのに、比留間市郎議長（新政会＝隠れ自民）と与党の新政会、公明、共産が全責任を善家氏にかぶせ、本人が納得しない記名入りの「お詫び」を採決で〝決定〟して「議会だより」に載せた前代未聞の人権侵害事件である。

根底には前市長の志々田浩太郎氏が失脚（十二章参照）した市長選挙を巡る感情的な対立が持ち込まれているようである。善家議員が志々田市長（当時）の与党だったころ、新政会（隠れ自民）と公明党も同じ与党だったが、ある時期、市長の強引な市政運営に反発して新政会と公明党が野党に転じて共産党と共に志々田打倒に結束したあとも、善家氏がほとんど無批判に志々田氏の擁護に回っていたことがその感情の根底にある。

同市の市政施行以来、議会で「反省を求める決議」を受けたのは善家氏だけで、しかも何度も繰り返す軽率な言動からたびたびお灸を据えられていたのだから、それだけにすべてに身構えている必要があったのである。善家氏が議会報編集委員会で自身の原稿のチェックでうっかりミスし（本人）、編集作業に影響を与えたのは紛れもない事実で、善家氏は軽率な言動の反省が必要である。しかし、故意に原稿を改ざんしたとも立証できないのに、そう思い込んだ与党三会派は「疑わしきは罰する」とばかりに、その一件を場違いな会派代表者会議に持ち出し、議長の裏舞台の陣頭指揮で前記の与党三会派が「前にも数々の問題を起こしている」と善家氏を追及した、極めて異例ないじめである。与党の仲間が同じミスをやった場合でも、こんな対応をしただろうか？

議会報編集委員長が職員に命じて善家氏の「お詫び」の原稿を書かせたのも異常である。抵抗の手段を知らない善家氏は議長の脅しに屈し、やむなく「お詫び」文を受け入れようとしたが、自身の人格をおとしめられた記述部分の訂正を求めた。しかし議長はその要求を認めなかったばかりか、議会報編集委員長に異例の採決をさせ、「議会だより」発行のわずか二週間遅れの全責任を善家氏に押しつけた。職員が作成した善家氏の納得していない記名入り「お詫び文」が公器の「議会だより」に載るとは、まさに「議会だより」も怪文書並みに落ちぶれたものである。

「議会だより」に掲載の「虚偽のお詫び」文には、「私の見識の甘さから」と人格にかかわる文言があり、さらに「私は原稿の一部を自分で勝手に修正し」と、故意に原稿を改ざんしたとも読める文章になっている。

見識とは「物事を見通すすぐれた判断力」を意味する用語である。与党三会派とその原稿を書いた議会事務局の管理職にはそれが十分に備わっているとの思い上がりがあるのかもしれないが、善家氏にはそれが欠けていると、多数決で決めて公器の「議会だより」で宣伝する発想と神経は並のものではない。与党三会派が善家氏を「不見識な議員」と酷評したいのなら、名誉毀損のリスクを覚悟のうえ、個々の責任で批判すれば済むことで、「皆でやれば恐くない」は許されるものではない。不当な攻撃ではあるが、信じられないような善家氏の弱さもある。常にいじめの対象になっているのに警戒心がなく、そのうえ、攻撃に反論するだけの理論武装もないので、その安易な姿勢がますます自身を不利な立場に追い込んでいったのである。善家氏の対応の問題点は、

一　議会報編集委員会でケリをつけるべき問題を、前例のない代表者会議の議題とされた際に抗議もせず、腹に一物組の土俵に上がっている。

二　代表者会議で善家氏の責任問題の結論が出ないからと、議長の裁定に委ねるとの提案に抵抗もせずに了承している。出来レースを仕組まれているとの用心深さがあれば、断固として拒否しなければならなかったのである。

三　別室での議長の脅しに屈し、善家氏名の「お詫び」文を「議会だより」に載せるという裁定を了承している。

四　議会報編集委員会で「お詫び」文の修正を求めて拒否された挙げ句、同委員会で採決で決定するのは歴史上初めての暴挙であるにもかかわらず、抗議していない。ただ、挙手をせずに反対しただけだった。

一から三までは形の上では本人も納得しているので抗議はできない。四の採決はとっさのことなので有効な対応が頭に浮かばなかったのかもしれないが、ここまでの善家氏の対応はひどすぎる。だが、最終的には反対しているのだから、本人の納得していない、編集委員会が作成した善家氏の記名入りの「お詫び文」を多数で決定したとして掲載したのは人権侵害である。

「見識が欠ける」などと自分が書いたことになっている「議会だより」が出ることになって初めて事の重大さに気づいた善家氏は、「議会だより」の配布の差し止めを文書で求めたが、議長は手続き的には本人も了承しているとして拒否。配布後の抗議に対しては感情丸出しの公文書で、「申し入れ書に対する本職の見解を下記のとおり申し述べます」と最初に述べ、「そもそも貴殿におかれては、過去、議員としての見識に欠ける発言により、発言の訂正や取り消しが数次にわたって行なわれており、平成八年第三回定例会及び平成十四年第二回定例会においては、貴殿に、「反省を求める決議」が可決されるなど、本市議会の調和や規律を乱す問題行動が非常に多い現状にある」と、過去の問題を持ち出している。過去の事実経過はその通りだが、その感情をからめて「だから、今回のいじめは当然だ」と言わんばかりの回答で、議長は不見識な自身の資質を露呈している。もっともこれは議長名の文書だが、これも職員に書かせたことは百パーセント間違いない。

善家氏の後援会報には「弁護士と法的手段を検討中」とあるので、多分、その方向に進むのだろう。その場合、延々と法廷でのやりとりが続くことになる。

議長も議会報編集委員長も被告になった段階で、議会の公務に関して訴えられたのだからと主張し、裁判は議会として対応することを確認するだろう。

そして通常の裁判のように、原告の善家氏の言い分がいい加減だとの印象を強めるため、善家氏の初当選からのさまざまな失態を洗いざらい出していくことが予想されるのである。

現に、十一月二十五日付の議長の見解にも本件と何の関係もない過去のことを持ち出している。口頭弁論ではそういうことの繰り返しが延々と続き、そのたびごとに、その内容を「議会だより」

に掲載し、善家氏のイメージダウンを図る魂胆に違いない。

市民は「議会だより」に載ったことは信じやすいもので、口から口へと広がり、善家氏には計り知れないほどの打撃となるだろう。

与党の新政会、公明党、共産党は、善家氏の言動を詳細に分析・把握しながら、今まで以上の「問責・懲罰」の攻撃を仕掛けるはずである。

この事件が発生してから善家氏はストレスで体調を崩し、医師から政治活動を禁止され、定例議会を連続して休んだと聞いた。それほどのダメージを受けているとしたら、病状が回復して議会に出たとしても、針のむしろのような状態におかれ、何かあれば攻撃されるのでは精神の安定を保つのは極めて困難だろう。

一方の議長は市民に提供する大切な「議会だより」に虚偽事項を載せたのでは、刑法の「虚偽公文書作成・同行使」で立件される可能性もある。有罪なら懲役刑として全国に例を見ない珍記録の樹立となる。それとは別に善家氏が、名誉回復のための法的な手段に訴えたら、これも議長が名誉毀損の民事・刑事の被告として法廷で責任を追及される、前代未聞の事態となるのである。

数を頼りに寄ってたかって理不尽な人権侵害の攻撃に走る真の狙いは、次の機会にはもっと重い懲罰につなげる布石と見る向きもある。

与党三会派は「懲罰短期時効」の制度の趣旨も無視し、「善家議員は前にもさまざまな問題を起こしている。今度は……」と身構えているようなので、次は無防備な善家氏の些細な言動に襲いかかり、一挙に善家氏の議席を剥奪するつもりかもしれない。

議員は、本会議や委員会で他を誹謗中傷したり会議を混乱させた責任を問われて懲罰を受けることはある。懲罰は軽いほうから、

①戒告

②公開の議場における陳謝

③一定期間の出席停止

④除名——の四種類がある。このうち②の「公開の議場における陳謝」は、議会が作成した陳謝文を否応なく読まなければならない屈辱的なものである。それと比較すれば、今回は懲罰の対象外の任意の委員会の些細な出来事で、事実上の重い懲罰と同等の効果を狙ったとしか考えられないのである。

前市長時代からの総合病院誘致を巡る対立や市長選挙のしこりがあるとしても、それはそれだ。この事件を明確に人権侵害ととらえて自説を主張しているのは、民主党新人の須藤ひろし議員一人とは情けない。与党の三会派は無防備な弱い議員の全人格を否定する行為には終止符を打たなければならない。

門真市議会の「仰天四規則」

議会の人権侵害事件を書くとなると、省くわけにいかないのが大阪の門真市議会である。筆者は常々「全国低程度のトップクラスの議会は知り得る限りにおいて、大阪の門真市議会」と酷評しているので、名誉毀損で訴えられるのを待っているが、同市の与党の公明党、自民党系二会派、民主

系の仲良し四会派は批判を肯定しているのか、いまだに音さたがない。

門真市議会には筆者の現役時代によく似た、暴露・追及の手をゆるめない戸田ひさよし議員（鮮烈市民派）がいる。その疑惑追及を続ける戸田議員の活動を何とかして封じ込めたいと奇想天外な論法で攻撃を仕掛けるのが前記の与党の四会派である。彼らによる人権侵害の極みとも言えるものは、不当捜索被害者の戸田氏に対する「議会だより」を私物化して行なった戸田氏の実名大宣伝がある。市のホームページでも同様に扱ったという。

二〇〇〇年の十一月、日本赤軍の重信房子なる人物が大阪で逮捕されるという事件があった。公安警察が捜査に名を借りて、無関係の運動団体や個人のところまで不当捜索するなど、弾圧を拡大するという騒動が起こり、全国で何人かの議員が不当な捜索を受けた。その一人が戸田氏だった。

全国的に抗議の声が起こり、戸田氏もさっそく抗議声名を出して捜索不当の裁判手続きをとる中で、警察がそそくさと押収品を返しにくるなど事情聴取もなく終わったのだが、これにハイエナのように飛びついたのが門真市議会の与党の仲良し四会派だった。

翌年の二月発行の「議会だより」に「家宅捜索を受けた市議は戸田久和議員」の見出しで一方的な記事を掲載して全戸に配布し、市のホームページにも載せたのである。不当捜索の被害者である議員を公器で実名報道して名誉をおとしめるという、恐らく全国に例をみない悪質な人権侵害である。

戸田氏が自ら「懲罰の四天王」と言うように、むちゃくちゃな論理で戸田氏に懲罰攻撃を加える与党側のレベルの低度は言語に絶するものがあり、このような人権侵害を平気でやるのだから、戸田氏の議員としての固有の権利も平気で踏みにじっている。

さまざまな戸田氏攻撃の中で与党四会派が悪知恵を絞って考え出した議会運営委員会の決定事項で、戸田氏が「門真市議会仰天四規則」名付けたあきれた規則がある。

「門真市議会仰天四規則」
一、服装規定を設け、男性議員にネクタイ・上着着用を義務づける。
二、議場へのカバン・袋もの持ち込み禁止
三、委員会記録の全文公表禁止。議長・委員長の許可がなければ議員でも閲覧できない。
四、研修会や視察先での行政・議会に対する議員個人のビラまき禁止

論評するまでもなく、市民常識も情報公開の精神の一片もなく、与党は自らの低度をあらゆる形で証明してくれている。

同市議会のバトルの詳細を紹介するには紙幅が限られている。戸田ひさよし氏の『チホー議会の闇の奥』（明月堂）をお読みいただきたい。

なお、一期目は最下位当選だった戸田氏は、〇三年の選挙では二位に大差のトップで再選を果たしている。この結果をみると門真市民の政治意識は捨てたものではないことがわかる。この市民の力で門真市議会は必ず変わるだろう。

「辞職を求める陳情」を脅しに使う

伊勢原市議会の〇三年九月定例議会に「新津淳一議員の辞職を求める陳情」が二件も提出され、議会運営委員会に付託され、継続審査となっていた。

陳情の要旨は「懲罰を受けたのに反省していない。『月刊新津』の記事は実名批判の誹謗中傷ばかりだ。よって辞職を求める」とある。

議員の身分はリコールか選挙か除名でしか奪えないのに、議会は陳情をこれ幸いと受けとめて議員辞職の是非を論ずること自体、当該議員の人権にかかわることである。まともな議会ではこの種の陳情は委員会に付託することなく「議長預かり」でそのまま廃案の扱いにするが、伊勢原市議会はこれを議会運営委員会に付託のうえ、継続審査の議決を繰り返していた。

継続審査中に「何かあれば懲罰にするぞ」と構えているのでは議会総体のレベルが問われ、おつむの低度がわかるというものである。

議会は地方自治法と会議規則で懲罰事犯の三日を経てからの懲罰は禁止されている。それは議員の身分をいつまでも不安定なままにおくことを避けるための制度で、これを「懲罰短期時効の原則」という。したがって「前にも問題を起こしたから次は重罰を」という〝前歴加算の懲罰〟は法の想定外のことで成り立たないのである。

懲罰の代わりに少数派いじめによく使われる法外の「反省を求める決議」や「問責決議」も、この精神が貫かれなければ「自律権」の逸脱との批判は免れない。

昨今、多くの地方議会が人権侵害の集積所の様相を呈し、少数派いじめの人権侵害事件が続発しているのは嘆かわしいことである。

伊勢原市議会は市民の名誉のためにも自らを厳しく律し、原則的な立場に戻らなければならない。

議員の処分を求める陳情は議運で一蹴

愛媛県大洲市で開かれた国土交通省主催の河川改修の計画策定の公式会議が住民を排除して行なわれた。それに抗議して会場に乗り込み、ハンドマイクで不当性を訴える実力行動に出た有友正本大洲市議会議員（無所属）の行動を問題視して、議会が何らかの意見表明をするよう求める陳情が提出されたが、あえなく〝廃案〟になった一件があった。当の大洲市議会の議会運営委員会が「議会で取り上げるものではない」と陳情の内容に踏み込まずに一蹴したのである。

問題行動があったというのは肱川流域委員会、国土交通省側が「地元住民の声は公聴会や説明会で十分に反映できる」の一点張りで、流域住民からの委員の選任を見送って開かれたものだった。それに対する議員の抗議行動を放置しておくことは良識に反するというのである。

愛媛新聞はダム反対住民を排除した「肱川流域委員会」の人選を批判し、他の水系は委員に選出しているとして、「民意反映の時代に逆行」と論陣を張っていた。

コラムには以下のようにあった。

「――国交省は委員に住民を入れず、説明会や公聴会で意見を聴取するのが『肱川に最も適切な手法』と主張する。その『最も適切な手法』で計画づくりが始まったが、怒号が飛び交い、住民同士が激しく対立する光景は何をかいわんや、だ。

全国には、流域委の前に準備会議や会議の運営方針を公開で審議している河川もある。国交省と県が河川整備計画の策定を急ぐあまり、合意形成のプロセスをおろそかにしたことが大混乱を招いた要因だ。

計画は一九九七年の河川法改正で作られることになった。同法改正の背景には、巨大公共事業への批判が沸き起こる中で、手続きの透明性や計画の合理性を確保する必要に迫られたことにある。法は改正されたが、流域委の手続きの透明性には地法整備局によって雲泥の差がある。同じ法の下、国の裁量権の広範さにはただただあきれるばかりだ」

新聞も「異例な委員会」と批判するほどの一方的な会議に抗議するのは当然のことだけに、ダム反対派が会場入り口を封鎖して戦い、有友議員は裏口から会場に入り込み、持参のハンドマイクで会議強行の批判演説をした。陳情はこの行動を批判的に取り上げたもので、陳情の全文は左記の通りで議会の権能を超える要求だった。

陳情書

主旨

平成十五年十月三十一日開催の「第一回流域委員会」に於ける、有友正本議員の行為に対し、議会として、何らかの意見表明を市民に対し行なうよう陳情致します。

理由

平成十五年十月三十一日、大洲市リジェールで行なわれた国土交通省四国整備局と愛媛県が主催した公的会議である「第一回肱川流域委員会」に於て、和歌山市の岩畑正行氏は、国土交通省の職員にけがを負わせたとして傷害の疑いで、議事を妨害したとして公務執行妨害の疑いで国土交通省より告発され、現在送検されています。

当、大洲の市議である有友氏も、岩畑氏と行動を共にし、国土交通省の再三にわたる制止もきかず、自ら持ち込んだマイクを手にもち自分の意見を述べ、会議を長時間にわたり妨害しています。これを多数の大洲市民が見ております。

法のもとに平等の観点から、岩畑氏が傷害のみならず、公務執行妨害で告発されるのであれば、有友氏も告発されて当然と思いますが、国土交通省は地元への配慮か、大人の対応をされています。

国土交通省に対し、警備の甘さを質問したところ、玄関先等での抗議行動は予想していたが、まさか会場への乱入は予想していなかったとのことです。

会場へ乱入すれば、公務執行妨害にとわれる可能性があり、そこまでやらないのが普通だそうです。厳正に対応すれば、明らかに公務執行妨害になると、我々は考えております。

このような行動を、市民に選ばれた議員が行なうということは、全く信じられないことであり、またあってはならないことであります。

その後、反省もなく、不当告発として、岩畑氏への告発を取り下げる運動もされています。

このような行動を、市議会が何ら責任を問う声もなく放置することは、市民からの信用を議会が失うことにもなりかねません。
議会は議会の良識を市民に示す為、何らかの意見表明を行なうよう陳情致します。
平成十六年三月二日
陳情者名省略

議会運営委員会でこの陳情の扱いを協議することになった段階で相談を受けた筆者は、理論武装して先制の行動に出るよう助言し、当の有友議員は次のように理論構成し、他の議員にファックスで送付して牽制した。

○議会外の議員の言動は議員個人が責任を負うもので、いちいち議会が責任を問われるものではない。
○議会の調査権は行政事務に関する百条調査権があるだけで、陳情の内容の事実確認の調査をする権限はない。
○「市民に対して何らかの意見表明を」との陳情だが、地方議会が意見を表明できるのは地方自治法の「意見書の提出権」だけで、市民向けの意見表明の制度はない。
○議員がその言動に責任を問われるのは地方自治法第一二三条以下に規定されている懲罰だけだ。これは会議中の言動（本会議・委員会等で協議会は対象にならない）に限られるもので、その場合でも懲罰特別委員会の設置が必要だ。

なお、議会運営委員会の設置の目的や議運の運営基準に照らしても、この種の陳情を審査するのは委員会の権限を逸脱することになる。

議会運営委員会で取り扱いの協議をすること自体は構わないが、議運の設置の目的から、この種の陳情の付託を受けて審査する権限はない。

○他の委員会も調査・審査の所管事務が決まっているから、陳情を審査する委員会はない。

○請願・陳情は一応は受理しないわけにはいかないが、良識のある議会では議員の身分にかかわるこの種の陳情は議長預かりとして事実上の廃案とするのが通例である。

○議会外の各種の会議が傍聴者や外部の人の不規則発言やヤジなどで混乱することはあるが、この件では公務執行妨害とか傷害罪に当たると判断したのは主催者側で、そこに政治的な配慮が加わったかどうかを第三者が議会に対してとやかく言う筋合いではない。

数日後に開かれた議会運営委員会の前に他の委員の間で意見交換があったようで、会議の前に委員長から非公式に、「一言釈明したほうがいいよ」とアドバイスがあり、会議の冒頭に有友氏が発言を求めた。

「当日は少しばかり行き過ぎがあったようで、皆さんに迷惑かけている」

この発言を受けて保守派の長老が、

「それでいいじゃないか……」

全員が沈黙して納得している中でただ一人、有友氏に悪意を持つ保守派の議員が、

「それで済むのか?」

と不服そうに言ったが、くだんの長老議員がたしなめた。

「済むも済まないも、(議会で) 何をやれというのか?」

この一言で陳情は議長預かり (審査せず) で決着したという。

議会側が地方議会のルールを熟知した上での決着だったのか確認のすべはないが、少なくとも、有友氏の抗議行動は住民の立場に立った行動との共感があったに違いない。

いじめ、嫌がらせの感情を露骨に表わしている、伊勢原市議会の議運とは雲泥の差の対応である。

「議会リポート」が政治倫理に違反?

群馬県吉井町議会の鈴木統議員 (無所属) から「議会リポート」にケチをつけられているとの相談があった。面識のない方だったが、議会の民主化を目指して戦った経験を書いた、筆者の著書の読者と聞きお目にかかった。

お話を聞き、関係の全書類の提供を求めて精査してみた結果、今の時代にまだこの低程度の議会が存在すると知り、驚きを隠し切れなかった。まさしく数の暴力による人権侵害事件である。

言いがかりをつけられたのは同氏の「リポート」の見出しの次の二行目ということだった。
◎住民投票条例遂に成立
9議員の抵抗を排除!

同町の議員はこれまで「議会報告」を見たことがないのか？　この見出しに反発して「議員を排除しろというものだ」と難癖をつけ、議長以下、議会の大多数が呼応するお粗末劇となった。彼らは、この「議員リポート」が同町議会の政治倫理条例に抵触すると言い、議長名でリポートの訂正を求めたという。

批判拒否体質と幼児並みの言語能力と、さすがに国定忠治のお国柄なのか、浪花節的発想があいまっての暴論である。

住民投票つぶし失敗の逆恨みか

この珍騒動の裏には合併の住民投票を巡る感情があるようだが、合併は町の将来にかかわる重要な問題である。それだけに斎藤軍雄町長が、自身の延命しか頭にない〝名誉職議員〟に任せておけないと判断し、民意を聴く住民投票を行なうのは当然のことながら、合併の賛否にかかわらず民主主義の政治の中では極めて重要なものである。

その住民投票をつぶそうとした議員は「町議会だより」で明らかになっている九議員。彼らが住民投票実施のための予算カットの修正案を提出したのは事実。提案理由に対する質疑で意味不明のしどろもどろの答弁を繰り返し、ここでも醜態をさらけだしたのも事実。結局、議会はその修正案を否決して九議員の意図を排除して事なきを得たのは紛れもない事実なのである。

鈴木氏の「議会リポート」はその内容を報告したもので、名指しで批判したわけでもない穏やかなものだが、それにケチをつけたのだから腹いせの言論妨害としか思えない。それに議長以下、大多数の議員が付和雷同して群れをなすのだから、文字通りの烏合の衆というのだろう。

議長発の公文書は欠陥品

烏合の衆は、町議会の政治倫理条例で設置した特別委員会に鈴木氏を出席させて嫌がらせをやろうとしたが、わたしのところで学習した鈴木氏の論理の前に逆に追い詰められていくことになった。

五月一日に佐藤昭一議長名で鈴木氏に郵送で届いた「委員会出席要求書」は、A４の紙一枚に五カ所の間違いがある噴飯もの。作成日が議長の思考の遅れと同じ一年前の日付、要求権もないのに「出席要求書」と横柄な書き方で、まともな公文書なら記載されるはずの出席を求める根拠は無記載。議員に出席を求めるのに肩書もつけず、およそ公文書としての体をなさない非礼で非常識な、いみじくも同町議会と議会事務局長のレベルを証明しているものだった。

鈴木氏が文書でそこを突くと、議長は事務局の責任にする無責任ぶり。鈴木氏は倫理条例上の手続きの書類や、必要な会議の議事録の提出を求めたが、これはすべて拒否された。暗黒裁判そのものである。

肝心の倫理条例はひどいもので、その違法性に気づいた鈴木氏が議長宛に憲法判断と議会の権能について文書で質問したところ、これで一回目の会議はつぶれた。議長に突きつけた鈴木氏の一回目の文書には、法令の認識を試す引っかけ用の質問がちりばめられているのがおもしろかった。そして議長は見事に引っかかり、公文書で馬脚を現した。その一部を紹介する。

◎問「憲法二十一条の『言論・出版その他一切の表現の自由』の基本的人権の保障にかかわらず、地方議会が議会外の議員の言論・表現を審査・調査できる権能があるとすれば、その根拠法令を……」

●回答「根拠法令はありません」

◎問「(リポートを調査する)当該特別委員会設置に関する地方自治法、委員会条例の根拠条文を……」

●回答「根拠法令はありません」

◎問「当該特別委員会に出席を求められる場合の地方自治法、委員会条例、会議規則の根拠条文を……」(※これが引っかけ質問)

●回答は、会議規則の「委員外議員」の規定と、倫理条例の規定を上げているが、地方自治法の第百二十条で制定されている会議規則の条文を違法、あるいは任意の特別委員会につまみ食い的に適用することはできない。

前述した通り、議長は鈴木氏が要求した資料は全面提出拒否。そこで鈴木氏は二度目の文書は佐藤昭一議長と宮澤晃特別委員長に当て、政治倫理条例に施行規則もなく、恣意的な運営がなされる恐れがあるなど、具体的に理詰めで矛盾点を突いた。

鈴木氏の質問書は、A4四枚ほどにまとめたものだが、暴走の先頭を走る〝痴呆議員〟の代表格の佐藤議長と宮澤特別委員長には読みこなして回答するのが無理だったのか? 回答不能に陥ったとみえ、六月一日、事実上の回答拒否を通告したのである。

思いがけない反撃に遭って狼狽し、尻尾をつかまれまいと開き直ったのだろうが、無責任を絵に描いたようなこの両議員の人権感覚皆無の〝痴呆度〟をさらけだした姿勢を見れば、おのずと町議会全体のレベルがわかるというものである。鈴木氏はさらに回答を求める三回目の文書を突きつけ、委員会への出席要請に応じなかった。

当の幻の特別委員会は、鈴木氏の文書による逆襲に対応できず、立ち往生同然の醜態をさらした挙げ句、六月七日の全員協議会に上げ、議長名で鈴木氏に「議会リポート訂正の要請（お願い）」をして逃げに出た。言論・表現の自由にかかわることだけに、鈴木氏は黙殺して相手にしなかったようである。

〝痴呆議会〟の名にふさわしい、常軌を逸した人権侵害事件である。

「政治倫理条例」は違法・無効

○地方議会が議員の「議員リポート」を調査・審査する権能がないと認識している議長が、政治倫理条例を適用して当該特別委員会に鈴木氏の「議会リポート」の審査・調査を委ねた行為は、憲法遵守義務をわきまえない職権濫用の違法行為である。

○特別委員会の設置は地方自治法第百十条と吉井町議会委員会条例で規定されている議決を要する事件であるにもかかわらず、倫理条例第四条に全員協議会（非公式）で特別委員会を設置するとの規定がある。これは憲法の認めるものではなく、地方自治法に反するもので、政治倫理条例そのものが違法・無効である。

○しかも、同条例の第五条3項には一転して、「……特別委員会の組織及び運営に関しては、吉井町議会委員会条例の定めるところによる」との規定がある。これは議決が必要との意味である。なお、この規定の有無にかかわらず、特別委員会の設置は本会議の議決を経て、その後、委員の指名が行なわれるのである。

○倫理条例第六条に「議会は、議員が第三条に規定する政治倫理基準に違反したと認めるときは、議会の名誉と品位を守り、かつ、町民の信頼を回復するために、必要な措置を講ずるものとする」とある。

通常は、「必要な措置」とは施行規則で規定しなければならないし、この条例は規則がなければ施行（運用）できない内容になっているが、第八条に委任条項があるにもかかわらず、議長は必要な規則の制定を怠っていた。そもそも、倫理条例の第六条は議員個人に何らかの罰則的な「措置を講ずる」ことを定めている点で、議員の懲罰や資格などを規定した地方自治法に違反している。吉井町議会の政治倫理条例と当該特別委員会はその存在自体が違法・無効で、幻の委員会だったのである。

〝田舎議会〟の典型

議会の約半数の住民投票反対派の抵抗が排除され、斎藤町長がやっと漕ぎ着けた五月二十三日の住民投票の結果、高崎市との合併が民意となった。その結果を受けた斎藤町長は、翌二十四日の町議会の議会運営委員会に、民意に沿って関係の事務を進めていく方針を正式に示し、議運は全会一致でその方針を支持していくことを確認した。町長の示した方針は本会議の議決を要するものではないが、町長としては今後の事務が円滑に進められるように、あらかじめ議会側の同意を取り付けておきたかったのだろう。

その日の午後、議会の全員協議会が開かれ、議運の決定の報告がなされた。これは決定事項を全議員に周知、徹底を図るもので、よく用いられる不満派のガス抜きの儀式である。彼らがよくよく好きな「秘密会」と思い込んでいる非公開の全員協議会で質疑や意見があった後、議運の決定が追認されて儀式は終わった。

この議会運営委員会の決定等をリポートした鈴木氏に対し、またまた議長以下、数人の議員が「非公開の全員協議会の内容を書いたのはけしからん」と難癖をつけたのだから、何とかにつける薬はないとのことわざ通りである。議員としての彼らの意識の低さは、①議会運営委員会という公式な会議で決定した重みを忘れ、全員協議会で決定したと思い込んでいる。②地方自治法に裏付けのない、住民の監視の目の届かない「ヤミ政治」の温床と言われている全員協議会を多用し、そこで何事も決めたがる。③非公開と秘密会の区別もつかず、「全協は非公開だから会議の内容は書くな、話すな」と鈴木氏に難癖をつけながら、一方で自分たちは口コミでやっている。

一方、町のＨＰでは議運のお墨付きには一切触れず、（ヤミ政治の温床の）全員協議会で議会側の了承を受けたとしていたので一部町民に危惧されていたが、その恐れが的中し、七月十六日の臨時会に提案された高崎市との法定協議会の予算が質疑・討論もなく問答無用で否決されてしまったのである。議員の質も問題だが長年にわたり全協で議会側となれ合ってきた行政にも責任はある。

各地の議会を取材していると、都市部の議員の質がよくて地方が劣っているとは思わない。東京都議会もひどいものだが、吉井町議会の現状は〝田舎議会〟の典型である。新住民議員に対する嫌がらせ。論理的に主張を展開する議員を徹底的に嫌う。「みんな一緒の仲良しクラブ」でなければ気が済まない。憲法も地方自治法も読まない（読めない?）。議員は「偉い人」と勘違い。勉強嫌いで議会のルールも知らない。そこそこの常識人でも、自身に攻撃の矢が向けられるのを恐れ、同僚議員の人権が侵害されても横を向いている。

「議会リポート」の発行は議員の「知らせる義務」の履行である。それにケチがつけられていると知れば、鈴木氏が受けている人権攻撃に見ない振りをすることは著しく社会正義に反するので、不当な攻撃を跳ね返すためのさまざまな助言はしたつもりである。

議会はちまたの常識と非常識が逆転して存在するところで、その典型が吉井町議会である。常識人の鈴木氏はさぞかし居心地が悪いことだろう。

議会はそこに住む住民のレベルを反映する場所。今度は住民の質が問われるときである。貴重な税金を浪費しながら人権侵害に狂奔する〝チホーな議員〟の実態をチェックするのは有権者の義務である。

第二章　議会の常識は社会の非常識

慣例・前例は歴史の産物

地方議会は会議規則や委員会条例などで運営されるが、それ以外に各議会の長年の歴史の中で想定外の問題が発生することがあり、必要に応じて慣例・先例・確認事項や申し合わせ事項などが増えたり改正されていく。議会運営はこうあるべきだという見本のようなものもないので、先例等で会議規則や委員会条例などを補完する形で柔軟に運用していく限り、各種の「取り決め」などは必要不可欠なものである。ただし、当選を重ねてそれらを熟知している議員がいる一方で、新人はそれを知るすべはないのだから、四年ごとの選挙後の顔合せでは必ず全員で確認する行為をおろそかにできない。それを怠っていると、議会運営上の何かの問題が生じたとき、「わたしは規則や条例の中身は承知しているが、それ以外のことは説明を受けていない。したがって、今までの先例なるものは議員の固有の権利を制限している部分を含んでいるので拘束されるいわれはない」と主張され、波乱の要因になる場合があるので、議会事務局も留意しなければならない。

【参考資料】

全国市議会議長会「地方分権と市議会の活性化に関する調査研究報告書」

○先例・前例の見直し等

各市議会の先例・前例は、円滑な議会の運営に資するため、極めて大きな役割を果たしている。しかしながら、時代の変遷とともに、その中には現状にそぐわないものも見られるところである。よって、議会の円滑な運営に資するため、次のような方策を検討すべきである。

①議会の先例・前例については、先例集等として整備する。

②一般選挙後には、特に新議員を含め全議員に周知するとともに、時代の要請に合うよう十分な見直しを行う。

懲罰や問責はいじめの手段

新人を委縮させるのに有効な手段に「懲罰」や「問責決議」「反省を求める決議」などがある。行政批判や議会運営に異議を唱える発言の些細な部分を問題にして「懲罰」を科したり、「懲罰」の対象にならない議会外の言動をとらえて「反省を求める決議」を可決される例もある。一人会派だからといって狙われるわけではない。影響力のあるケンカに強いかつての筆者のような市民派議員を攻撃すると、逆に強烈な反撃に遭うのでそんな無謀なことはしない。いじめや嫌がらせも相手次第ということである。

神奈川県の伊勢原市議会で当選したばかりの不馴れな議員に寄ってたかって「懲罰」の戒告処分を科した例がある。被害者は一人会派の新人の新津淳一議員（市政改革派）。

行政の保有する情報は市民共有の財産である。その徹底公開を求めて税金の使途をチェックするのは議員として当たり前の仕事だが、新津議員のその資料要求を事もあろうに議長段階で拒否するなどお粗末きわまりない議会運営がある。有権者の直接選挙で選ばれた市長に対しては、議会総体が野党的な立場でチェックするべきであるとの地方自治の精神のかけらもないようである。

全国の数多くの地方議会の実情を取材していると「まさか」と目をむく文字通りの〝痴呆議会〟があるものだが、首都圏の神奈川県の一角にいまだにそれを絵に描いたような市議会が存在していたのである。会議中の新津議員の資料要求に対し、「紙の無駄。経費の無駄」と議長が暴論で退けたのだから議長職はきっと、議会は市長の悪政の防波堤とでも思い込んでいたのだろう。副議長もその尻馬に乗って「資料要求はするな」と、控室で新津議員の腕を強打する信じられない暴力行為にでたという。

さらにその議長・副議長のお粗末コンビは正副議長室に新津議員を呼びつけ、議会事務局長、同次長と四人で新津議員の事務所発行の『月刊新津』の記事に抗議の言いがかりをつけたという。議会の幹部職員の質もひどいものである。このような幹部のことを〝患部職員〟という。この四人組は「言論・出版、表現の自由」が憲法で保障されていることを知らないようだが、意欲のある新人の言論を脅しで封じ込めると思っていたのか？

一方の市長は、オール与党的な議会の防波堤に守られているおごりなのか？　あるいは、厳しい質問には答弁不能に陥るのか、新津議員の質問に答弁を拒否したという。通常のまともな議会では議長が答弁を促すものだが、これでは議長として不適格というしかない。

それなのに逆に新津議員の市長批判の発言が問題とされ、「戒告」の懲罰を受けたというのだから、議会の大多数は体制翼賛会の時代から進歩していないようである。

新津氏の発言の「市役所の改革が打ち出せない市長」「自らの給与値上げを辞退しないのは市長不適格」「市民の健康を平気で切り捨てる、そんな市長が伊勢原に必要でしょうか」等々が「市長に無礼な発言」とされ、共産党を除く全会派の賛成で「懲罰」を可決した。この程度の批判発言が懲罰になるなら、市長批判の発言はすべて「市民のためによかれと思ってやっているのに、無礼な発言」との言いがかりが成立する。

体制翼賛議員の面々は市長の防波堤になるために議員になったのか？ 志の低さに議員の肩書とどこへ行くにも襟につけている議員バッジが泣いていると想像し、念のため、伊勢原市議会の「議会だより」を取り寄せてみたところ、お顔を見る限り紳士・淑女ばかり、写真では資質が分からないのが残念だった。

「市民との絆」とスローガンを掲げている社民党議員もいるし、「市民派」と称することのある「ネット」の議員は二人もいるのだから、新人議員の多少の気負いは寛大に受け止め、市民感覚を共有して議会の改革と行政チェックの戦いに新津議員と手を組むのは必然であると思うのだが……。

意欲のある新人が市民の声をバックに改革の声を上げると、必ず立ちふさがるのが「みんな一緒」を強制したがる〝仲良しクラブ〟の先輩議員である。しかし、新人には勇み足もあるが、それでもなお市民の目線に立ち、少数意見の中のよい部分を率直に取り入れる、党派を超えた議員の度量こそ議会制民主主義が求めるものであり、納税者の願いもそこにあるはずである。その精神がなくして一〇万市民の負託に応えているとはいえない。

横浜市議会で二人の女性議員が「議長席占拠事件」で除名になったのはその前年のことだった。除名の当日の本会議を傍聴したが、共産党は「何らかの懲罰は必要だが、除名は不当」と態度表明。神奈川ネットは討論の中でさまざまな意見を述べ、結論は懲罰そのものに反対した。伊勢原市議会で新津議員の「戒告」に反対したのは共産党だけで、ネットは処分に賛成している。横浜市議会の例は議場の日の丸の扱いを巡る思想信条にかかわるものだが、新津淳一議員への攻撃は自由闊達な論戦の場の、しかも些細な市長批判の言論に対する不当な懲罰である。神奈川ネットは既成政党並みに議員の資質にばらつきが出てきたのか？　議員の身分に関する判断のこれほどの落差をどう考えればよいのか。かつて神奈川県のネットの議員対象に講師を務めた経験のある筆者は戸惑いを隠せないのである。

日の丸掲揚反対の実力行使で除名

横浜市議会で〇二年六月、二人の女性議員（市民の党）が議場の日の丸掲揚に反対して議長席を占拠した。これを重大視した市議会の自民、民主、公明などの会派が「議会の品位をけがし、秩序を乱した」として四分の三を超える賛成多数で除名にした。

一部の報道によると、二人の議員は「思想信条にかかわる問題は、みんなで決めるべきだ」として、本会議での議論を主張したとあった。しかし、この種の協議は議決を要する事件ではないので、本会議の議題とはなり得ない。通常は議会運営委員会での協議となるものである。

横浜市議会は議会運営委員会で決定したようだから、決定の場としては問題はなかった。ただしその際、賛否が分かれるのは十分に考えられる問題につき、議運の構成要件を満たさない全会派の議員に委員外議員として出席を求める手続きを経て、それらの議員の意見を求めたうえで、いずれかの決定を下せなかったのか、と疑問が残る扱いである。

どこの議会の会議規則にも「委員外議員の発言」として「委員会は、審査又は調査中の事件について、必要があると認めるときは、委員でない議員に対しその出席を求めて説明又は意見を聞くことができる」との規定がある。正副議長と正副議会運営委員長が協議してその場を設ける慎重さが必要だった。

最終的に多数の意見で物事が決まるとしても、そこに至る過程で少数意見を聴くというバランス感覚が議長や議運のメンバーに欠けていたとしか思えない。二人の女性議員が議運で正式な発言の機会を与えられてもなお、議長席占拠という実力行使に出ただろうか？　それにしても、この事件の処理ではある種の懲罰処分はやむを得ないとしても、選挙で選ばれた議員の身分を議員の手で剥奪する行為には大きな問題がある。単に反省を求めるのなら、同じ懲罰でも別な選択があったはずである。それとも、なれ合わない連中だからこの際、極刑で排除しようとの心理が働いたのだろうか？

除名が決定した日の横浜市議会の本会議を傍聴した筆者は、かつて在籍した武蔵村山市議会に置き換えて考えていた。

武蔵村山市議会は全会派＝全議員の意見を反映させるため、議会運営委員会も代表者会議も一人会派を含めて全会派で構成し、協議事項は全会一致制で運営している。それゆえに、同市議会では徹底した意見の交換を行ない、一致を見ない案件は結論を急がず、とりあえず従来通りと確認していた。

同市議会で日の丸掲揚が議題となった場合、恐らく結論に達するのは困難と思われるが、それでも急を要することでもなく、市民生活に直結する問題でもないこの種の決定には多数派もごり押しすることなく慎重を期したはずである。

同市議会の議会運営委員会でただ一度だけ採決が行なわれたのは、付託されていた条例だった。条例は協議事項とは異なり議決を要する審査事件につき、十分に審査のあと、条例に反対だった委員長（共産党）が採決で結論を出したのである。

数にものを言わせ、そのうえ、少数意見を聴く場も設けずに問答無用で政治的決定をし、しかも自らの手続き上の不備を反省することもなく、二人の議員を除名した横浜市議会には多くの心ある人々の批判が集中したのは当然のことである。

日の丸掲揚ではある程度の手続きを踏んだ例として埼玉県所沢市議会の手続きを上げておく。同市議会の本会議場は〇三年から日の丸が掲揚されている。そのきっかけは、〇一年十二月議会に提出された「市議会の議場にも議会が開かれているとき、国旗と市旗を掲揚していただきたい件」の請願だった。

請願は議会運営委員会に付託され、賛成派、慎重派のさまざまな駆け引きがあり、慎重派（反対派）の中からは「継続審査のまま、来年の市議会議員選挙まで持ち越し、自然消滅（廃案）を図りたい」との声も聞かれたようだったが、何回かの継続審査のあと、〇二年の九月に賛成多数で採択となったという。

この陳情の採択を受け、議長が代表者会議に諮ったあと掲揚を決めたということである。ここまで慎重に運べば、どこかで全員が意思表示する機会が与えられたはずであるが、議会事務局職員の話によると、それでも多少はごたごたしたということである。

女性議員の議会外の奇行にお灸

〇二年の武蔵村山市長選挙の序盤に隣の東大和市役所の秘書課に、「そちらの市長がうちの志々田市長（当時）の批判をすると、両市がけんかをしているように見られて好ましくない……」と電話をかけた議員がいたことがわかり、選挙後の議会関係者を驚かせた。

その議員は、独断専行の市政運営が批判の的となってこの選挙で失脚した志々田浩太郎氏の「育てる会会長」と市民からやゆされていた善家裕子議員（無所属）で、その通称の肩書通り何があっても無批判に志々田氏の賛成要員を務めていただけに、型破りな奇行はまさに面目躍如？といったところである。

この人物の奇行としては、この八年前の市長選挙の直後に志々田氏の対立候補だった人物（〇二年時点の議長）に手紙で、「あなたを支持していましたが、当選すると思って相手に投票しました。申し訳ありませんでした。でも選挙が終わったのですから、若い相手を育ててください」と書いた一件がある。その投票行動も奇行の部類だが、選挙に負け、次回を期すと心に決めているかもしれない人にこのような手紙を出す残酷さは常識的にはあり得ない。その奇行の延長線上にあるのが、この「電話事件」である。

この「電話事件」が市長選挙後に最初に招集された定例市議会で全会派から問題にされ、別件とともに全会一致で「善家裕子議員に反省を求める決議」を可決され、そのうえ本会議で陳謝する羽目に追い込まれてしまったのである。しかし、これは当然の〝処分〟にもみえるが、明らかに市長選挙の後遺症を引きずった感情的かつ異質なもので、異様ないじめに類するものである。

善家裕子議員に反省を求める決議

善家議員は、平成十四年三月に開かれた第一回予算委員会委員長にも関わらず、夜間、委員宅を個別に訪問し、一般会計予算を可決するよう促すなど、中立であるべき委員長の職を省みない行為を行なった。これに対しては、議会運営委員会で本人が謝罪するということで収めた経緯がある。しかし、その後も問題のある発言、行動が再三繰り返された。内容は以下のとおりである。

記

1　東大和市長への電話

五月十三日、東大和市役所秘書課に電話をかけ、「志々田市長への批判は近隣市が喧嘩をしているようで、好ましくない。志々田市長陣営には、多摩地区八市長や現・前都知事が推薦等をしている。市長（東大和）が浮いてしまうことがないよう心配している。」と言った。

これに対し、六月三日東大和市長から本市議会事務局長あてに、政治活動に対する侮辱であるという旨の抗議の電話が入った。

2　瑞穂火葬場の本市の使用を巡って微妙な段階にある中で、四月中旬から五月初旬にかけての行動は、配慮を欠いた行動であると言わざるを得ない。

3　今定例会一般質問の中で、「病院問題に関し、議会が二年間停滞してきた」と発言をし、議会を侮辱した。

以上、近隣市・町との関係について議員という公人の立場をわきまえず、問題のある行動を繰り返し、さらに議会を侮辱する発言を行なったことは、本市議会に混乱をもたらす行為であり、善家議員において厳に慎まなければならない。

よって、本市議会は、平成八年九月にも善家議員に反省を求める決議を行なったが、このたびはさらに強く、善家議員の行為に対し反省を求めるものである。

以上決議する。

平成十四年七月十一日

武蔵村山市議会

この決議には幾つかの疑問がある。決議の前文に記載の事実を一言で評するなら、指摘されている通り、立場をわきまえず、しかも謝罪しなければならない行動自体、軽率かつ不適切なものである。しかし、議会運営委員会の席で本人が謝罪（？）して決着済みの問題を決議文に載せ、「議会だより」で広く市民に周知するのはいかにも政治的に過ぎ、陰湿ないじめの感がある。同じく、後半最後の三行は刑事事件の判決のような手法で、「過去にこの種の〝前科〟がある」ということを市民に知らせ、善家氏のダメージを大きくする目的で載せたのは明白である。

記1の隣の東大和市の市長への電話は市長選挙の告示の翌日で、しかも東大和市長は善家氏が応援した志々田氏の対立候補（現武蔵村山市長）の推薦人として初日に応援に来ていたことが新聞各紙に載っていた。そのご本人の秘書に、「志々田市長の対立候補を応援しないでほしい。志々田のほうが応援団が多いのだから、あなたは浮いちゃうわよ」と言ったのである。議員である前に社会人としての常識が身についていない。相手が立腹するのは目に見えている。

ケチをつけられた東大和市長ご本人から武蔵村山市議会事務局長あてに「政治活動に対する侮辱」と抗議があったというが、議会事務局が抗議を受ける筋合いのものではない。市議会が過剰に反応して近隣市との友好関係から放置しておけないと考えたのなら行き過ぎである。決議には、「近隣市・町との関係について議員という公人の立場をわきまえず、問題のある行動を繰り返し」とあるが、同氏が市議会を代表する立場で問題を起こしたわけではない。もともとこの種の議員個人の非常識な言動で市議会が抗議を受ける筋合いのものではない。

地方自治法をどんなに拡大解釈しても「議会の自律権」になじまないこの種の問題で、事実上の〝懲罰処分〟が必要だったのか疑問がある。これでは、酒に酔ってフラフラ歩いていたことまで問題にされかねない。

記2の「配慮を欠いた行動」の意味がこの文章ではわからないが、前記1と同じく議会外の言動を指しているとすれば、これも同様に疑問符がつく。

記3の「議会が二年間停滞してきた」との発言は意味不明だが、市長と議会が対立していた徳洲会病院誘致問題を指しているのなら、反対派が予算を修正したり、否決したりしたのは事実なので、市長職を失った志々田氏の側に立てば、議会が「遅らせた」「邪魔をした」「引き伸ばした」と言いたいのは当たり前である。そこまで露骨な表現でもなく、引き伸ばされた結果として当初の病院建設計画が遅れ、計画自体がつぶれた経過を振り返ってみて、「停滞した」と主観的に言ったに過ぎず、誹謗中傷にも当たらないのに、なぜ、「議会を侮辱した」と、大げさにとがめなければならないのか。

病院関連の予算を減額修正したり否決した側は、善家氏の発言に反発したのはわからないではないが、それでもなお、このような形でお灸をすえるのは少々行き過ぎである。

討論や質疑・質問でも立場や考え方の違いから全く反対の厳しい批判の言葉が羅列されることがあるが、他の人の名誉を傷つけたり中傷しない限り、認識の違いがいちいち問題にされるものではない。この程度の「主観の相違部分の表現」を問題視されるのでは自由な発言ができなくなり、「言論の府」が泣くというものである。

現実には全国の多くの地方議会で少数派の共産党や市民派に数の力で襲いかかる、言葉狩りのようないじめがある。「発言自由の原則」で成り立っている議会で、自由な言論を脅しと嫌がらせで圧殺しようとするのは厳に慎まなければならない。それだけに、発言者は発言の内容と表現に節度と自信と責任を持ち、攻撃された場合は毅然として反論する姿勢がなければならないのである。だが、この人物はとがめられれば例外なく陳謝を繰り返し、この件も不当な攻撃を受けたとの認識はツユほどもないのか、自ら申し出て本会議で次の陳謝の言葉を述べている。

「わたしはさきほど、『反省を求める決議』をいただきまして、まずもって心から深く反省し、おわびを申し上げる所存でございます。東大和市長への電話の件につきましては、尾又市長に対し大変申し訳なく思っております。また瑞穂火葬場につきましては、配慮を欠いた行動であったと思います。さらに一般質問におけ（？）ますわたしの発言につきましては議会に対して大変失礼な発言でありましたので、お手元に配付した部分の取り消しと会議録からの削除をお願いいたしたいと存じます。

今後の言動又は行動につきましては、議員としての公人の立場を踏まえ、再びかかることのないようお誓い申し上げます」

この議員の言動の何と軽いことか。自身の言動の善悪の区別ができず、軽率さが同居しているうえに権利意識が希薄なところがつけ込まれる原因となっているのである。

武蔵村山市議会で議員が議会外の言動を含めて責任を追及され、本会議で決議を可決されたケースはこれが最初である。なお、この議員は九八年の本会議で行なった、内容に何も問題のない討論を共産党など一部の会派から「取り消せ」と脅され、陳謝のうえ取り消して議事録からの削除を求めるという醜態を演じた過去の〝前科〟がある。

七〇年の市政施行後の武蔵村山市議会で可決された懲罰事件は二件で、いずれも自民党議員と自民系無所属議員が本会議と予算委員会で他を誹謗中傷したもので、前者は懲罰の中でもっとも軽い「戒告」に、後者は議会運営委員会での釈明と陳謝を拒否したため、正式な懲罰動議によって「陳謝」の処分を受けている。法によらない処分の「反省を求める決議」を受け、「議会だより」で公表されたのは二件だけ、九六年九月の善家裕子氏に対するものとこの時の同氏に対するものである。前回の事件は懲罰処分になってもおかしくないものだったが、本人が本会議で自発的に陳謝したため「反省を求める決議」で決着している。

どの世界にもいじめられやすい人はいるものだが、この人物の場合は、極めて並外れた軽率さ、警戒心の不足などがつけ込まれる原因となり、ついには自身の人権を侵害される事件（第一章参照）につながっていったのである。

「常識」の強制が問題の本質

青森県三沢市議会でバッジとネクタイを強制された元議員の伊藤裕希氏は、議員を辞めたあとの「北斗新報」に「ノーネクタイ」と「刺青」の共通性としてノーネクタイについての強制を次のように書いている。

――ネクタイを着けることが「常識」か否かで論議する人が多かったが、問題の本質は「〈常識〉なら規則をつくって強制してもいいのか」ということだ。キーワードは「強制」であり、その是非が問われたのだ。

もし社会の「常識」が逆転して、議会でも多数の「ノーネクタイ派」が少数の「ネクタイ派」を規則で排除するとき、ぼくはどうするか。気に沿わないがあえて背広とネクタイを着け、少数派の人と共に連帯し強制と排除に反対する行動をおこすことは間違いない。

今回はたまたま「ノーネクタイ」が論議の的になったが、茶髪やピアス、女装、刺青《いれずみ》等でも問題になる可能性がある。

たとえば三沢市議会に半袖から刺青の腕がのぞく議員が出てきたらどうなるか。「議会の品位」に熱心なセンセイ方は「冗談じゃない」と「ノーネクタイ」以上に反発し、規則をつくって排除しようとするだろう。

ぼくは排除に反対する。たしかに刺青は「品位」があるとは思わないし、嫌いだ。でも最近はヤーサンだけでなく、カタギの人間も「タウト」とかいってやっているように、趣味はいいとは思わないが、化粧の一種でファッションだと思えば、これも一つの自己表現であり、「刺青するな」と強制し、消さないからと排除することはできない。

刺青が議員としてふさわしくないと思うなら、選挙で選ばなければいいだけの話で、「それでもいい」と当選してきた議員を他の議員が数の力で排除する権利も義務もない。

社会の「常識」にも二種類あるのではないか。「強制しても良い常識」と「してはならない常識」だ。

「人を殺したり、盗みはいけない」という「常識」は他人に危害を及ぼす「非常識な人」を野放しにはできない。強制力も必要だ。

一方、今回の「ネクタイ」など服装の「常識」は「強制してはならない」次元の問題だ。

前者は「善悪」を判断基準にするが、後者は「好悪」「美醜」など個々人や時代、地域によって価値基準がことなるのが普通だ。服装だけでなく、思想、信条や表現の自由なども同じで、「基本的人権」としてあえて憲法でも何人にも強制されない権利として保障されているのはいうまでもない。

今の「多数派」や「常識」はかつては「少数派」であり「非常識」だったことは歴史の常で、変転きわまりない。だからこそ少数意見や異端者を圧殺せず、尊重することが社会の進歩につながるという歴史の教訓から民主主義社会の貴重な原則として確立されたと思う。

たかがネクタイ一本といえども、その強制＝「服装規則」を安易に認めることは「ネクタイ」だけにとどまらず、多数派の理不尽で横暴な要求に次々と屈せざるを得なくなるだろう。

結局ぼくは最後はネクタイを着けることで妥協したが、その判断が正しかったかどうかはいまだに自信が持てず、悔いも残っている。――


（「北斗新報」八九五号、二〇〇二年一〇月一三日）

第三章　会派が幅を利かす議会運営

会派は議会内の任意団体だ

地方自治法には、政務調査費が法制化されるまでは「会派」という用語はどこにもなかった。だが、それまでも現在も会派は議会の中の任意団体に過ぎないのであるが、ほとんどの議会が届け出を受けた会派を中心に運営され、議員の固有の諸権利を制限するなど、乱暴なこともやっている。何人以上を交渉会派と認めるとして一定の枠を決めている議会もあるし、一人会派もすべて正式に認めている議会もある。

選挙では政党の公認や党籍証明があると無所属とは異なる特別扱いがあるが、議会の中はよくも悪くも会派が中心に回っている。会派の届けに「日本共産党」と記載してあっても、その名称はあくまでも会派名に過ぎないのだが、それでも政党を特別に優遇している議会がある。その珍しい例は、埼玉県の某市としておくが……、会派の位置づけを「会派は、議員二名以上をもって構成する。ただし、政党の場合は、この限りでない」と「申し合わせ事項」にある。

同じく、埼玉県の某市の先例集には、「代表者会議の構成は各会派代表一名とし、公党一名はオブザーバーとする。公党でない一名会派は議員に関する人事案件の場合のみ出席することができる」とある。同じく議会運営委員会の構成については、「議会運営委員会は、各会派按分により割り振る。〔按分内容〕公党は一名でも認める。二名～四名……一名選出　五名～八名……二名選出　九名以上……三名選出」とある。

なぜ、こうなっているのかは長い歴史の中でのさまざまな議論を経た結果なのはわかるが、珍しい例であることには違いない。多分、政党所属の力のある議員が無理やり確認させたのだろう。こうして会派代表者会議も議会運営委員会も会派の構成員の人数割りで割り当てて運営している例が多いが、中には一人会派も正式なメンバーとして扱い、全会一致制で運営しているところもある。

議会運営委員会の設置は地方自治法に規定されているが、一方の会派代表者会議は議会運営委員会の議題としてなじまない事項を協議し決定する非公式会議である。

議運の協議になじまない事項は、全議員出席の全員協議会で行なう方法もあるし、中にはそうやっているところもあるようだが、個々に勝手な意見を述べるよりは会派の代表が会派全員の意見を代表して協議するほうがまとまりやすいのは確かで、その意味では会派は存在意義があるということである。

会派代表者会議と議会運営委員会は議長の諮問機関的な存在である。議会の円滑な運営を図るためにはこの場で意見の調整をしたほうが本会議のハプニング的な事件の防止にはなるから、全会一致制で運営するのが好ましいのである。しかし、全会一致制は、理論がなく、数が多いだけの烏合の衆にとっては数に物言わせる強引な運営ができなくなるため、提案してもなかなか同意が得られない。

会派拘束の是非

前述したように、会派は任意団体であるから、地方自治法による何らかの権限を与えられている
ものではない。法に定める発言権、表決権などはあくまでも議員の固有の権利である。同じ会派に
所属している議員の議案に対する賛否が割れても他がとやかく言うべきことではない。問題が生ず
るとしても会派内の問題に過ぎないのである。つまり議案の採決で会派拘束をかけるかどうかは会
派内の約束事に過ぎないのである。

例外としては、会派の代表者が出席した代表者会議や議会運営委員会で確認した事項に会派拘束
がかかるのは当然で、それがなければそれらの会議で協議する意味がない。他の会派との約束事も
同様である。まれに、決定事項の会派内への周知が徹底せず、本会議などでそれが露呈することが
あるが、信義上の問題として会派代表が責任を追及されることはあり得ることである。

会派に所属していながら、代表が他の会派と約束したことを無視し、問題になってから「わたし
は知らなかった」は通らない。しかし、議員の資質はさまざまだから、案外この手の輩が多く、そ
のたびに議会に混乱を持ち込むことになる。

本来は政策を同じくする議員の集合体が会派のはずだが、時々、オヤっと思うあきれた事例があ
るのも現実の議会の姿である。

会派から自立した提案で会派を除名

〇三年の一月、東京の町田市議会の最大会派の一人の議員が会派を除名になった。理由は「会派の結束を乱した」と言い渡されたということである。

きっかけは、すでに東京の千代田区などで施行しているように、「繁華街での歩きたばこを禁止する」条例を他の会派の議員との共同提案で提出すると記者会見したことが会派の幹部の逆鱗に触れ、「趣旨には賛同するが、案を見せられたのは記者会見の前日。会派を無視したスタンドプレーだ」というものだった。

この会派内のごたごたに嫌気がさした他の会派が共同提案から下り、条例そのものも正式に提案されることなくつぶされてしまった。

この事件には幾つかの考えさせられる問題点が含まれている。すっかり錆ついている議員の提案権を行使する議員本来の仕事をしたいというのに、趣旨には賛同と言いながら、会派のメンツで条例をつぶしたことである。ここには市民の視線に立った判断は見いだせない。

多くの議員、特に政党所属の議員は何かの相談事を持ち込まれた際に、会派を隠れみのに使い、「お話の趣旨はよく理解できるのですが、一存で回答するわけにいきませんので……」とその場はごまかし、会派に持ち帰って相談したふりをして後日、会派の意向として「残念ですが……」と断る手口がある。

前述の会派を除名された議員は若い人のようだから、先輩議員の顔を立てながらの根回しが欠けていたのだろうが、全議案に対して自分で考え、自分の責任で対応するのが議員活動の原点で、議員に求められるのはグループから自立した姿勢である。

密室行政に手を貸す「約束事」

〇三年十一月二十七日の東京大田区議会で「黒沼良光議員に対する問責決議」が賛成多数で可決された。

区議会こども文教委員会の委員に配付された小学校の統合に関する資料を、委員会の開催前に関係者にＦＡＸで送付した行為が議会運営委員会の〝取り決め〟を無視したとして、共産党の黒沼良光議員が「問責」を受けたものである。

ＦＡＸ送付状には送付者として日本共産党大田区議団とあり、黒沼氏は担当者と記載されていた。通信欄には「共産党議員団としても取り組みを開始しますのでご意見をお寄せください」とあるのに、なぜか、送付者の区議団の責任は不問に付され、担当者と記載のある黒沼氏だけが槍玉に上がった。

「黒沼良光議員に対する問責決議」要旨

①委員会に提出される資料の議員への事前配付については、議会の取り決めにより、あくまでも議員個人が事前に準備することによって委員会審査を充実させることを目的に、所管委員の希望に

応じて、委員会開催2日前に配付されるものである。

②委員会開催前に委員以外の者に資料そのものを公開することはまったく想定していない。

③委員会資料は審査のための基礎資料であり、審査過程での変更が十分に考えられる。

④このため、議会の公開を原則としながら、区民に誤解を抱かせないよう、委員会終了後、情報コーナーにおいて開示している。

⑤委員会の審査を経ていない資料を審査前に流出させたことは、議会が取り決めたことを軽視する行為であるばかりでなく、関係区民に無用な混乱をもたらす結果となり、区民と議会の信頼関係をも損なうゆゆしき行為である。

⑥この行為は、議会全体の権威を失墜させる行為であり、地方自治法に定める懲罰事由にも該当するものである。

行政執行を批判し、監視するのは議会の重要な権能であり、どこの議会でも審議・審査に当たってはさまざまな資料が提出されている。しかし、公文書の公開度は誰に対しても同じでなければならず、議員にのみ優先配付されることは公文書公開の制度上、あり得ないことである。

この資料の扱いを巡る会派間の小競り合いは、情報公開に関する基本的な考え方の相違と、後述するように議会の〝取り決め〟の確認のあいまいさに起因している。このあいまいな〝取り決め〟がこのまま放置されるのでは、再び同じ問題が起きるのは必至である。

議員に配付された行政の情報を関係区民に配付する議員として当たり前の行為が問題になるのでは、議員と同レベルで「知る権利」のある区民・関係者は納得しないだろう。

委員会の審査に必要として提出された資料でも、それを関係者に事前に提供したり傍聴者に配付するのは区民の「知る権利」に応えるとともに、審査の内容が傍聴者などにも分りやすく理解を得るための議員の当然の行為で、「開かれた議会」では何ら問題になるものではない。

また、公開で行なわれる委員会審査のために作成された基礎資料は、作成した時点で公開対象の公文書である。委員会の開催後に庁内の情報コーナーで開示されていたように、公文書公開制度上の非公開の文書ではない。

意思形成過程の文書が公開される例がたまにある程度では大田区の「情報公開」が進んでいるとはいい難い。だが、東京都などの遅れた自治体の制度と比較してホンノ僅かの評価はできるが、それらの資料は後で変更があり得ることを説明して交付すれば、何ら問題が生じる恐れはないのである。わざわざ「問責決議」の中に書いて議会側が心配することではない。

議会は行政の防波堤か?

一般的に、行政は事務事業の計画にあたっては既成事実を積み重ね、関係者に結論だけを押しつけがちである。一方、その事業によって影響を受ける関係者は決定前の早い時期に計画の概要を知ることが必要で、それがなければ結論を否応なしに押しつけられる恐れがある。そのような経過に端を発した紛争の事例は全国的に枚挙にいとまがないのである。「問責決議」には「資料を審査前に流出させたことは、関係区民に無用な混乱をもたらす……」とあるが、情報を後出しすることによって予想される不満や混乱の責任はどのように考えているのだろうか？　反対の動きをかわしたいと考える行政の防波堤役を務めるのでは、納税者の付託を受けた議員としての存在意義が問われるというものである。行政が議員に資料を提出する行為は「公表」である。それを有効活用しようとする議員の行動に枠をはめるのでは、「議会は議員の活動を自ら制限し、行政の密室性を補完する情報隠しの機関として区民と行政を隔てる防波堤役に堕落している」と酷評されて反論できるのだろうか？

議会の「取り決め」とは

どこの議会にも「確認事項」「申し合わせ事項」「先例・慣例」など、明文化されたものが引き継がれている。その他、必ずしも明文の規定はなくても慣例として定着しているものもある。これら議会の約束事は、議会運営の細部が法令に規定されていないところを補う形で、それぞれの議会が歴史的な経過を経て積み上げてきたものである。中には「悪しき慣例・前例」もあるが、その部分を変えればよいだけで、約束事を全否定したり無視しては議会運営は成り立たないほど重要なものなのである。

そこで、大田区議会の今回の「問責決議」の理由にある〝取り決め〟がどのような形で決定したのか調査したところ、それは明文化されたものではなく、決定時の記録もなく、関係者の言い分と認識も相違していることが確認されたのである。要するに、委員会前に資料を提出することについての認識の相違だったのである。

くだんの「問責決議」の可決前に当の黒沼氏に「関係者に情報を知らせる行為がなぜ、とがめられるのか」と質したところ、「取り決めがある」と言われたのは意外だった。同氏が資料送付後に〝取り決め〟を知ったのか、あるいは是認していたのか確認しなかったが、仮に是認していてその不当性に気づいたのなら、会派代表を通してでもその旨を主張してから次の行動を考えるべきだった。それが最低限のルールで、かつ少数派の自己防衛策でもある。

「問責決議」を提案した自民、公明、民主、ネット・無所属連合などの会派の認識は「問責決議」の中に言い尽くされているので、ここでは決議を受けた共産党側と、採決で棄権した野呂恵子議員（緑の党）を取材した。念のため議会事務局にも取材した。迷惑かもしれないが、真実を追求するため事務局職員の認識も掲載した。

議会事務局議事担当係長・大谷隆氏談

委員会開催の二日前に資料を提出することは平成十二年の議会運営委員会で決定した。委員が十分に準備することによって委員会審査を充実させることが目的である。議会運営委員会に所属していない会派（議員）には、議長の命を受けて議会事務局職員がその趣旨を含めて説明しているので、委員会の資料の事前提出の目的も周知徹底していると理解している。毎年の委員長会でも確認されている。

委員会の開催前に資料を他に配付しないとの明確な確認があるわけではないが、資料の事前提出に至る議会運営委員会での取り決めまでの経緯と目的から、委員会審査の前に他に利用することは各会派とも想定していない。

区議会共産党・藤原幸雄議員談

六年ほど前、共産党が口頭で委員会資料の委員会開催前の配付を要求し、委員会の二日前に提出されることになった。区の方から「なるべく委員会の前に公表しないように」との希望があったのは事実だが、議会側は文書でも口頭でもそれを確認していない。区議会改選後の確認事項としても扱われたことはない。役職変更があった場合は委員長会が開かれて委員会の運営などの確認が行なわれているが、本件（資料の事前公表不可）を〃取り決め〃として確認したことはない。

区議会緑の党・野呂恵子議員談

今回の「問責決議」は退席（棄権）した。議員になったばかりの頃（九九年）、一人会派三名の連名で委員会資料の委員会開催前の配付を要望した。その後、平成十二年、議運で決定された旨を議会事務局から「委員会審査を円滑に行なうため、資料を二日前に配付できる。資料は事務局に保管してある」と説明された。この時点で、資料を議員が活用できるという認識であり、資料を他に配付してはいけないという明確な取り決めはなかったと記憶している。

文京区議会では一週間前に配付をしており、議会事務局では「議員が資料をどう活用するかは議員が決めること」と話していたが、大田区でも〃取り決め〃をやめ、開かれた区政をめざすためにも、資料をいただいた時点で区民に公開できるようにしていかなくてはならないと考えている。

共産党の藤原氏は「〝取り決め〟はない」と断言した。だが、同党議員団の大竹辰治幹事長が議会事務局で、「（資料の事前配付は）委員会軽視だな」と口にしたとの話も関係者の間に流れている。問題の渦中の黒沼氏は〝取り決め〟を認識していた節がある。仮にそうであるなら、同一会派の中にも認識の相違がある、あいまいな〝取り決め〟だったのである。

共産党区議団が関係者に情報を送付した行為自体は間違いではない。その意味で、あいまいな〝取り決め〟を理由とした「問責決議」は不当である。区議会が今後もこの〝取り決め〟を是とするのでは、議会側の意識の有無にかかわらず、関係者の「知る権利」を侵害し、行政の密室性を補完する役割を果たしている厳然たる事実を自ら追認することになる。大田区議会は「情報公開」と「区民に開かれた区政」をめざす姿勢を明確にすべきである。

なお、大田区議会の情報の取り扱いを批判したレポートを区議会の議会事務局を通して全会派に届けておいたところ、区議会総体をチクリと批判したにもかかわらず、六カ月ほど後になって、議員研修会の講師の依頼があった。テーマが「議会の活性化」とあったので、わたしにドンピシャリのテーマなので、お役に立てるのならとお引き受けした。

研修会といっても「民主、自由、未来」という若手の新会派の主催で、全議員に参加を呼びかけて実施するというものだった。初めは「ムラ議会の改革」としたかったようだが、それでは古参の議員に足を引っ張られかねないとの理由で前記のテーマにしたということを聞いた。

議会運営のどの部分に不満があるのかあえて聞かなかったが、「ムラ議会」と考えていること自体、遅れているとの共通認識があることだけは確かである。与野党・保革の立場に関係なく、「開かれた議会」を目指して研修するのは大切なことと考え、自らの経験を踏まえ、持ち前の毒気を振りまいてきた。

当日は、他の二会派も参加していたが、現状を変えたいと考える若手議員が相当数いることを知り、今後の議会改革の動きを期待をこめて見守っていくつもりである。

第四章　常任委員会は馴れ合いで

相反する要求の請願は相打ち

何かの事業に賛成と反対の運動があるときにその両方から請願・陳情が出る場合がある。それが半々ぐらいの数のときには誰にでもいい顔をしたがる議員の性癖が働き、両方の請願を審議未了にすることがある。付託されてすぐにそれをやると批判が出るのがわかっているので、傍聴者の目の届かない別室で協議して一、二度は継続審査の形をとる。要するに継続審査の多くは互いに異なる意見を持っている議員間の顔を立て合う政治的な妥協の産物なのである。

現に東京のある区議会では改選後すぐに提出された陳情を、一年に四回の定例議会かける四年の計十六回も継続審査の繰り返しで任期切れまで持ってゆき、審議未了の廃案とし、次の改選後に出てきた同じ陳情を十年近くもたなざらしにしている。こうなると出すほうも審査するほうも意地の張り合いとなっていく。

極めて珍しい例として、武蔵村山市議会に総合体育館の建設計画の見直しと推進の請願が出ていたとき、公明党議員団は採決で両方に賛成した。双方にいい顔をしたつもりなのかもしれないが、かえって両方からバカにされていた。

傍聴者をだまして廃案にする手口

委員会に付託されている陳情・請願を採択するわけにはいかないと各委員の共通認識があっても、不採択にして批判されるのもかなわないという議員心理が働くものである。

関係の傍聴者がいる前で「審議未了・廃案にしましょう」とはなかなか言い出せない。そこで打ち合わせのうえ委員の誰かが「もう少し時間をいただきたいので、この際、保留にしてください」と言い、委員長は打ち合わせ通りに進める。

「ただいま保留にとのご発言がありましたが、ほかにありませんか」

「……」

「ほかにないようですので、この際、本陳情は保留といたしたいと思います。これにご異議ありませんか」

「異議なし」

「ご異議なしと認め、保留とすることに決しました。それでは……」と続く。

継続審査の場合は本会議でその旨の議決が必要だが、委員会で保留扱いとなったものは本会議の報告は不要だから、その会期が閉会となった時点で審議未了・廃案となる。

請願人が次の定例議会中の委員会に傍聴に出向き、そこで初めて自分の提出した陳情そのものがなくなっていることに気づいても後の祭りということになっている。

本会議でも委員会でも傍聴すると議員の姿勢や資質と共に議員がどれほど傍聴者が嫌いかがわかるものである。

委員長報告に質疑なしの暗黙の了解

会議規則には「議員は、委員長及び少数意見を報告した者に対し、質疑をすることができる」との規定がある。常任委員会で一定の結論に達したものや継続審査の扱いに決定したものは本会議で委員長が報告する。その報告には質疑ができることを定めたものである。しかし、議員の間の涙ぐましい相互扶助の精神が働いているのか、質疑する議員は極めて少数である。

正副議長にしろ委員長にしろ世間では立派な人がその任についていると思われているが、それは早とちりというもので、会議の進行のためにもどこへ出かけるにも、議会事務局の職員が手渡す原稿がなければ何一つとして対応できない。

会議の進行のための基本的なルールもご存じない方々だから、本会議でも委員会でも、議会事務局の管理職が指導しなければ前に進まない。要するに議会のルールを熟知していて自分の言葉で会議を整理しながら進めたりあいさつすることが不得手な人々が大多数なのである。

委員長報告を行なうにも職員が用意した原稿の棒読みで済ます。原稿にはいちいちルビをふるほど職員は親切ではない。どの委員長に渡すものでも同じように書く。これを読み違えて失笑を買う人も現実には出てくる。お祭しの通り、まともに日本語を読めない人が多数ときているから、委員会でも次第書を棒読みしているだけ、どの委員からどのような質疑があったのかを覚えている余裕などはない。本会議で報告することだけでも息も絶え絶えなのに、委員会で何を審査したのかと質疑を受けても答えられるはずはないのである。

そこで幅を利かせているのが、互いの会派から出ている委員長に恥をかかせないように、「質疑はしない」暗黙の了解をして相互扶助に努めるのである。平気で「暗黙の了解」の存在を口にしていたのは、武蔵村山市議会の社民党のU議員（当時・故人）だった。どの会派との「了解」かは知らなかったが、委員長報告に対する自民党議員と社民党議員の質疑は耳にしたことはなかった。

暗黙のうちに約束したところで、多勢の中にはそんなことに関与していない、現職時代のわたしのような議員もいる。「暗黙の了解」に加わっていないことをいいことに、素知らぬふりをして質疑をする。

そうなると委員長は立ち往生。議長のそばに座っている議会事務局長が気を利かせて議長に「暫時休憩」を宣告するよう指示する。台本にないことは判断できない議長でも「暫時休憩」程度は言えるから、その間に事務局職員が委員長のための原稿を用意する。そこまで面倒見ても、再開した本会議で再び質疑があると、そこでもまた休憩にして答弁を用意しなければ前へ進まない。このような事態の打開のために、立ち往生している同会派の委員長の救出のために飛び出すのが「質疑打ちきり動議」である。だが、そんなことをやれば批判されるのは動議を出したほうになるから、慎重にならざるを得ない。

そのような荒っぽい収拾を避けるためか、埼玉県川越市議会の先例集には、「委員長報告に対する質疑の通告は、各委員長の報告後の休憩中に行なう」と明記されいる。これなら委員長も本会議の傍聴人がいるところで恥をかくことはない。

どこの議会も長年の間にさまざまな場面が現れ、そのつど智恵を出し合っては積み上げてきたのがこのような慣例・先例なのである。

なお、たまたま川越市議会の例を上げたが、同市の現在の議長や委員長などが無能というわけではないので、念のため。

制度は公開でも運用で非公開

ほとんどの議会の委員会条例は傍聴の取り扱いを次のように規定している。

「委員会は、議員のほか、委員長の許可を得た者が傍聴することができる」

議員以外の傍聴は、多くの地方議会で標準の委員会条例の規定を準用しているが、昨今は、委員会も公開すべきであるとの広範な要求にこたえる形で徐々にではあるが、傍聴の規定を廃止して「原則公開」と条例を改正する例が増えてきつつある。なぜ、「原則」としてあるかというと、プライバシーの保護を目的としての秘密会があり得るからである。

委員会の「原則公開」の規定は、傍聴を権利として保障していることである。だが、現実には大多数の議会が複数の委員会を同日時に開催しているので、すべての会議を傍聴したいと考える傍聴希望者の権利は無視されている。これでは非公開と同じである。

「我が市議会は、委員会も条例で公開となっているよ」と議員が胸を張って言っても、それは必ずしも真実を言っていることにはならない。

念のため、各議会発行の「議会だより」を見ると、「議会日誌」のような扱いで会議の日程が載っているが、ほとんどの議会は委員会の開催日は一日か二日程度となっている。このことは委員会を同日時に複数開催していることを意味している。

議員や議会事務局に問い合わせ、「すべての委員会を傍聴したいが、これでは非公開と同じだ」と抗議しても、返ってくる言葉は申し合わせたように「定例会の日程が窮屈なものですから……」。

会期を決めるのは議会の権限だし、定例議会は年に四回しか開かれないのだから、会期を十分にとって日程を組めば簡単に解決できる問題である。だが、それをやろうとせずに事実上の非公開でやっている議会の何と多いことか。まさか「制度は公開にしてあるが、傍聴人が来ると言いたいことも言いにくくなるから、同じ日にやろうよ」なんて暗黙の了解のもとにやっているとは思いたくないのだが……。

東京都議会の〇四年六月定例会の常任委員会の開催状況は、九委員会を三日間（会議時間は午後から）で済ませている。

武蔵村山市議会は「議会運営委員会申し合わせ事項」に「委員会の開催は、原則として一日一委員会とし、……」と規定し、議会運営委員会も同様に扱われている。

公開でも議事録の議員名は墨塗り

委員会の非公開の理由に、「発言委員名を公開することにより、自由かつ率直な意見交換、審査が不当に損なわれる恐れがあるため」と説明する議会があった。現在はどうなっているのか確認していないが、委員会を非公開で開いていた神奈川県議会の言い分が新聞に同じ理由で載っていたことがある。

選挙の際にどこにでも〝票こじき〟然として顔を出すほどツラの皮は厚いと思われる議員に限ってこのような主張をする。勘ぐってみると、傍聴者の監視しているところではなれ合い審査はできないからというのが本音なのだろう。

一方、公開で行なわれた議会運営委員会の議事録の開示請求に際し、委員名を墨塗にして開示したという例もある。一つの理由として、「会議は筆記によりまとめられている。それが議員の本旨と違うように記される可能性もあり、できあがった会議録を議員に確認する作業も行なわれていないので公開できない」と議会側が説明したという。ここでは議会事務局の職員の信用度はずいぶん低いようである。

開示を請求する側は、「委員会が公開なら、ビデオで録画してビデオテープのまま情報公開センターにおくという方法もあるし、インターネットで中継するというやり方もある。そうすれば、発言の趣旨も十分伝わるだろう。それにより『自由かつ率直な意見交換』が損なわれるということなら、『情報公開』そのものに対する各議員の認識が低いということになる」と主張していた。

これは埼玉県所沢市議会の例である。議会側はこの批判をどう受け止めたのだろうか？

各地の議会の先例集に目を通していると、オヤッと考えさせられる事例を目にすることがある。筆者が何を言いたいのか次の先例集の行間から読み取っていただきたい。

「(平成十二年九月定例会) 総務常任委員会において、委員会の傍聴を許可した例がある」(埼玉県東松山市議会)

無視される委員外議員の発言権

会議規則には委員外議員の発言権が規定されていて、委員会では委員でない議員から発言の申し出があったときは、委員会の許可制ながら発言の権利が認められている。しかし実際にはこの権利も軽くあしらわれ、ほとんどの議会が発言を認めていない。ここをこじあけるかどうかは力関係だが、市民派議員や共産党議員の多くもこの点では余り実績を上げているとは言い難い。

東京都議会内部の「都議会のあり方検討委員会」(〇一年一月二十六日)の「議会運営のあり方」の中で、「委員会の委員以外の議員の発言機会の提供」として、委員外議員の発言を規定した会議規則を積極的に活用していくと述べているが、前述した通り九委員会を午後一時からの会議で三日でパタパタと済ませている東京都議会の現状のままでは、委員外議員が発言を求めるために出席しようと試みても全く不可能。まさに「絵に描いたもち」である。しかもこの検討委員会は都議会議員で構成されていたのだから、委員全体が現状を踏まえることなく「もちの絵を描いていた」ことの証明である。

都議会が傍聴の権利のある都民の立場をどの程度考えているのか疑問を持たざるを得ない。前述した「都議会のあり方検討委員会」の「都民が都議会をより身近に感じられるための方策」の中でも一行も論じられていない。要するに、都議会の運営は主権者の権利を全く考えていないし、都民の無関心もその姿勢を後押ししていると断じるのは乱暴なのだろうか。この検討委員会の委員は日当を幾ら手にしていたのか知りたいと思ったが、バカバカしくなって調査はしていない。

東京都議会の先生たちの勉強嫌い、仕事嫌いの実態がこのような都議会内部の分析によっても裏付けられている。定例議会の回数は決まっているので仕方がないものの、始まりしだい、他の議員の発言の機会を奪ってでもシャンシャンと早く終わらせるのが議員の仕事と割り切っているのだろう。

都議会事務局議事係職員の話では、「委員外議員の発言の申し出があれば、委員会の理事会で検討すると思われるが、申し出は記憶にない。この任期（〇四年六月時点）に限れば、一度の申し出もない」ということだった。

なお、武蔵村山市議会の「議会運営委員会申し合わせ事項」には「委員外議員の発言を認める」と明記されている。そのため、委員外議員の席から「委員長」と手を挙げると、委員長は会議に諮ることなく自動的に指名し、委員外議員の席に設置してあるマイクを使って質疑等が行なわれる。会議規則を上回るルールがこうして確立されている。委員外議員の中には委員よりも多くの質疑をする人もいるが、他の委員や事務局職員から嫌な顔をされることはあっても質疑を打ち切られた例はない。

武蔵村山市議会は確認事項の中で次の申し合わせ事項に各会派の代表が署名してから議会人事の協議に入ることになっている。

1　正・副議長は、公平・中立の立場を堅持し、議会の民主的運営に努めること。

2　審議日程の十分な確保に努め、質疑、発言の保障に努めること。
3　議会の招集通知に合わせて議案の配付を受けられるよう努めること。
4　委員会運営に当たっても、公開の原則に立ち、従来通り関係傍聴人の意見聴取に努めること。
5　ここに署名した各会派代表は、誠意を持って相互の協力関係を深め、今後の議会運営に当たること。

【参考資料】

全国市議会議長会「地方分権と市議会の活性化に関する調査研究報告書」

○委員会の公開の推進

地方自治法の会議公開の原則は本会議に適用される原則であるので、委員会には直接適用されない。議会の予備審査機関である委員会においては、利害関係にとらわれない自由で公正な発言・審査の確保が必要とされ、通例は委員会条例に基づいて、委員長の許可による制限公開制がとられている。

しかし、近年における「より市民に開かれた議会を目指すべき」との要請から、委員長の許可により公開とする市議会においても、実際の運用としては事実上無条件で許可している市議会が増えているほか、委員会条例で完全公開とする市議会も漸増傾向にある。

よって、そうした時代の要請や各市議会の趨勢を考慮して、委員会の公開をより推進するため、次の方策を検討すべきである。

①　各議会の実績に応じて、できる限り、「委員会は原則公開とする」と委員会条例で規定し、完全公開とする。

②　委員会条例で「委員長の許可により公開」等と規定する市議会においては、運用により自由公開とす

る。

③ 傍聴の便宜等を図るため、委員会の重複開催は、避けるよう努める。

④ 議会運営委員会についても、公開とする。

⑤ 庁舎の新築や議会施設の改修等の際には、必要な傍聴席（スペース）の確保に努める。

⑥ 傍聴定員の超過ほか、施設上の問題で傍聴ができない等やむを得ない場合は、別室におけるモニターテレビによる間接公開を行う。

第五章　議員は本来の議会活動が嫌い

討論の権利を剥奪する議会

戦後半世紀も経った九九年になって愛媛県議会に初めて登場した女性議員が阿部悦子議員（環境市民）。最初にぶつかったのが驚くほど遅れた議会の厚い壁で、三十年近くも予算の討論を認めてこなかった驚くべき閉鎖性を暴露した。

多くの県民と県の内外からの批判を受け、議会運営委員会が一応、前向きに動き出したのはいいが、口先だけの改革で一向に改革らしい方針が出てこないのに、いまさら討論の「原則自由」を認める決定をしたと聞き驚いた。地方自治法で発言の権利が個々の議員に与えられているのだから、そんなことを県の議会運営委員会にいまさら決めてもらわなくてもよろしいのである。せいぜい、「じゃまをしないでください」と言いたい。

議会の会議規則は質疑や討論があることを前提として規定されているので、やっとそれに気づいたのなら「一歩前進。よくできるようになったね」というところだが、次に自民、公明が少数派の発言を妨害する戦術として新しく考えたのは、討論の時間制限だった。

討論は議案ごとに、最初に賛成者が行ない、次に反対者と交互に発言させるように会議規則にある。つまり、討論があることを前提としているのである。ところが県議会の議会運営委員会は、「本会議での討論の議案の本数制限はしないが、議員一人の討論の持時間を全部で五分以内とする」と決定したという。

「討論自由」と言いながら、合理的な根拠もなく時間制限を行ない、発言権を妨害するとは驚いたものである。愛媛県議会のセンセイ方は、そうしてまで一分一秒を急いで会議を進行させなければならないのか？　失礼ながら頭脳のどこかが故障しているのだろう。

さらにお笑いは続くのである。同じ趣旨で複数の議員が討論しようとする場合、「調整」と称する〝談合〟をすることを会派代表者会議で申し合わせたというのである。賛否の趣旨が同じ討論は調整して一本化すべきだとの発想は通常の議会人のものではない。

一人では心許ないので群れている自分たちの会派の都合と混同しているのだろう。その結果、〇三年六月の定例議会では、教育基本法「改正」の意見書案には前記の阿部悦子議員、共産党、社民党の三名が反対討論を希望しながら、会派代表者会議の申し合わせにより議員間での調整を余儀なくされ、一名が討論の機会を得ただけだった。「言論の府」の議会で、なぜ、このような不可解なごり押しがまかり通るのか？

なお、討論を認められなかった阿部悦子議員は予定していた反対討論をグループの機関誌で発表したが、こんなことをしなければならないように仕掛ける県議会の自民、公明の議員は議会を何をするところと心得ているのだろう。

人事議案の反対討論も妨害

これも愛媛県議会の実例である。〇三年二月四日の愛媛新聞の記事を転載する。

——県議会の議会運営委員会（越智忍委員長）が三日あり、四日開く二月臨時議会の運営について協議した。同委員会は、阿部悦子氏（環境市民）から申し出のあった、吉野内直光県教育長の副知事選任同意議案への反対討論を「不適切」として、全会一致で討論させないことを決めた。阿部氏が議運委に提出した討論要旨によると、吉野内教育長は扶桑社版の中学歴史教科書について、加戸守行県知事の意向を受け入れ、県教育委員会に働きかけて採択させたことなどから、副知事就任は県民の目線に立つ県政の推進に好ましくない、としている。

討論の内容を委員十一人が審査。谷本永年氏（自民）が「見識や人間性を問題にするのなら堂々と反対討論をするべきだが、今回はいささか的外れ、（反対討論は）副知事になる人を傷つけるので必要ない」と指摘。さらに「人事案件に対して、反対討論することがなじむのか疑問」とする村上要氏（社民）と、中矢民三郎氏（公民会議）も同調し、全会一致で阿部氏の反対討論を不適切とすることを決めた。

委員会終了後、傍聴人として出席した阿部氏は「議会は言論の府。反対討論をするのは議員固有の権利だ。開かれた県議会をつくろうというかつての決意はどこへ行ったのか」と委員らに異議を唱えた。

議運委は十一人（自民九人、社民・公民会議各一人）で構成し、同日は議長と副議長も同席した――

同じく愛媛新聞〇三年二月六日　地軸（コラム欄）

――果たして県議会として機能しているのか、と言いたくなる。肝心なときに語らない。語らせない。「言論の府」とは一体何だろう▲県の副知事人事に、県政与党の社民党三議員が「退席」という形で同意しなかった。選任された吉野内直光氏が県教育長当時、扶桑社版の中学歴史教科書採択にかかわったからという▲社民党は教科書採択や昨秋の教育委員人事には反対した。しかし知事選は「小異を捨て」加戸守行知事を推薦。今回は、議場で反対すらできず「反省を求める意味で」黙って退席し「賛意を示さない重みを評価してほしい」とは▲与党にしがみついて理念を捨てたとの批判は免れない。党の理念に一票を投じた県民の思いは置き去りにされた。公明党も、賛成しておいて「いかがなものかというのは残る」と潔くない。よく「変節を恥ずかしいと思ったら政治家はやれない」というが、まっとうな感覚とは思えない▲唯一、反対討論しようとした県議の申し出は、県議会運営委が「副知事になる人を傷つける」と拒否。社民までが同調した。あえて言えば、反対討論があろうが一人二人反対しようが、議案は通るはず。にもかかわらず意見を述べることも許されない、その恐ろしさを思う。異なる主張に耳を傾ける「度量」すらない▲民意を代表して首長や行政を監視・チェックする。それが地方議会の責務だ。追認するだけなら県議会は必要ない。もの言えぬ、言わさぬ議員がどちらを向いているのかを見定めたい。あと二カ月で、県議選――

人事案件に質疑・討論なしはなれ合い

議会の議決が必要な人事の議案が提案されたときに、「本件は、人事案件でありますので、質疑、討論を省略いたしたいと思います」と諮り、一応は異議がないのを確かめ、「ご異議なしと認めます。よって……」と筋書き通りに会議を進めている議会があるが、これはなれ合いである。

どれだけ見識のある人か、経歴はどうなのかの確認もないまま、「失礼に当たるから、しゃんしゃんでいこうや」と考えるほうが無責任である。

東京の武蔵村山市の町時代のことだった。経歴も何も示されずに議案だけが提出された。当時の新人議員のわたしの質問で、

「経歴書くらいは提出したほうがよろしいのではないか」

返ってきた答弁は、

「議員をやったり、農協の幹部を長く務めていましたので、どなたも知っている人物ですので……」

「そうですか、現にわたしは知らないから質問しているのです。どなたも知っていると答弁がありましたが、このような農村部でも最近は、住民の転入が多くなっているのですから、『みなさん知っている』は通りませんよ」

「さあ、どうしてくれる」とばかりに座ってしまったので、お定まりの「暫時休憩」。

この一件を契機に人事案件にはその人物の写真と経歴書が添付されることになった。もちろん質疑も討論も妨害されたことはない。時代について行けない行政の勝手な思い込みの一例である。

首長提出の人事案件には〝暗黙の了解〟とやらで、質疑と討論を行なわない議会があるし、愛媛県議会のように「討論はさせない」と議員固有の権利を踏みにじる悪代官所のような議会もある。東京都議会でも質疑と討論を省略して議決することを先例としている。

「都議会のあり方検討委員会」の「議会運営のあり方(4)人事案件の審査」には検討結果として次のように記載されている。

――現在、人事案件については、議会運営委員会において取り扱いを協議し、委員会付託、質疑及び討論を省略し議決することを例としている。この点について、人事案件も委員会に付託し、案件当事者の委員会出席等について検討していくべきとの提案があった。しかし、プライバシー等の問題もあり、極めて慎重に扱われる必要があるとして現行通りとする意見が多数をしめた。なお、今後の研究課題とすべきとの少数意見もあった――

提案されている人物に疑念があった場合でも、「質疑も討論もまかりならん」としてシャンシャンで議決するということで、調査してみると、東京都議会も結構遅れているのがわかり、がっかりさせられたものである。

先例集に「人事案件には、討論を行なわない」と記載してあるのが埼玉県東松山市議会。よくこんな約束事の合意ができたものと不思議な気分になる。旧弊の打破を掲げた新人が登場して「質疑・討論は議員の固有の権利」と主張してもなお、押さえ込むのか？

討論の異様な事前審査は愛媛県

愛媛県議会では〇〇年十一月の議運委で「討論希望者は委員長に要旨を提出し、県議会開会前の議運で討論させるかどうか議論して決める」と申し合わせたという。それ以前は、討論の時間や順番だけを決めるだけで、具体的な内容に踏み込むことはなかったというから、前年の選挙で県議会に初登場した市民派を締め出すために申し合わせたのだろう。議員が議員固有の権利を制限することの無知と傲慢さに気がついていないとはお粗末。そしてその申し合わせが、やがて何かのときに我が身に降りかかってくることをどのように思っているのかである。愛媛県議会の自民、社民、公明の皆さんは本当に仕事嫌いのようである。

香川県議会は、「通告があれば、時間制限付きで討論できる」

高知県議会は、「通告があれば討論は可。同じ会派の場合は、人数が制限されるが、内容は問われない」

徳島県議会は、「討論の通告状況を事務局が議運委に報告し、議運委が順番を決める。討論時間に制限はない」

以上が四国各県の現状である。ところで、筆者の地元である東京都議会も愛媛県に習ったのか？どんどん形骸化が進み、ひどくなっている。共産党や少数派の討論は議会運営委員会の段階で阻止する。一般質問も形だけで、まるでアリバイ的にやっているに過ぎない。ちなみに〇四年の六月定例議会の一般質問は十三人、たった一日、午後一時から五時までの数時間で終わっている。

全国調査をやればもっとひどいところがあると思われるが、費用と時間の制約からそこまで手が回らないのが残念である。

つまるところ、知る限りにおいて言わせていただけば、有権者は議会活動が嫌いな人物を議会に送り出している現実に気づかなければならないのである。

【参考資料】

会議の諸原則（『議員必携』学陽書房）

議員平等の原則

議員平等の原則とは、議会の構成員としての議員は、法令上完全に平等であり、対等であるというものである。

議員の性別、老若、信条、社会的地位の高低、議員としての経験の長短等々の条件は、議会内においてはすべて関係なく発言権、表決権、選挙権等議員に認められている権限はすべて平等なものとして取り扱われるものである。（以下省略）

全国市議会議長会「地方分権と市議会の活性化に関する調査研究報告書」

議会の運営について

(1)　一般質問の活発化

本会議における一般質問は、市の行財政全般について疑問点を質し、それに対する所信の表明を求めることを目的にしたもので、議員にその固有の機能として与えられている。その質問権を積極的かつ有効に行使することを通じて、議員主導による政策論議の活発化がなされるわけであり、傍聴する市民からも、関心と期待が寄せられる重要な議会活動の場である。

よって、一般質問の活性化を図るため、次のような方策を検討すべきである。
① 積極的に一般質問の申し出を行い、審議の活性化に努める。
② 市長部局の政策について十分な調査研究を行い、大所高所から建設的に問題を質す。
③ 質問は本来、市長に対するものであるので、最前列議席の前等に設ける質問席で、市長と対面して行う等の方式を検討する。
④ 質問は、可能な限り一問一答方式を採用するなどして、「問」に対する「答」が明瞭になるようにする。
⑤ 質問に対する回数制限や時間制限については、緩和又は原則廃止することを検討する。

(2) 討論の活発化

討論は、議案の採決を前に賛成又は反対についての理由を述べて、その賛否の論点を明確にするために行われるものであり、十分な論議を尽くさなければならない。

簡単な議事進行上の動議等を除き、採決の対象となる案件については、討論を行うこととされているが、議長から討論を求められても発言の要求がほとんどない市議会が少なからず見受けられる。討論が余り行われない議会においては、いかなる論点・理由によってその案件の議決がなされたか、傍聴者はもちろん、会議録や議会報を読んでも分からないということになりかねない。

よって討論の活発化を図り、市民に、より分かりやすい議会運営をするため、次のような方策を検討すべきである。
① 採決の結果が事前に明らかなような場合にあっても、積極的に討論を行い、議案に対する意見や考え方の相違を明確にする。
② 賛否の論点が市民に明らかになるよう、内容のある明確な討論とすることに努める。

議員の提案権が錆ついている

「市民常識が通用しない世界」とやゆされるのは国会も地方議会も全く同じである。住民のために何かの施策を考える前に議員の頭に浮かぶのは、他の議員や政党の掲げる政策の実現を妨害し、成果をつぶすことにあるようで、露骨なことをやる。よいことは言い出しっぺがどの政党でも協力して実現させる発想などはつゆほどもない。

時は、一九八七年三月定例議会。ところは武蔵村山市議会の出来事である。

共産党議員団三人と市民派一人（当時の筆者）が「高齢者入院見舞金条例」ほか三件の条例案を共同提案した。それぞれの付託委員会で市側が制度に前向きな答弁をしたが、自民、社会（当時）、公明、民社（当時）が別室でこそこそと協議の末、継続審査にしてしまった。

四月に任期切れで市議会議員選挙があるので、ここで可決して選挙で共産党に「我が党の成果」などと宣伝されるのを阻止する魂胆が見え見えだった。

「市民にとってよい政策なら、言い出しっぺが自民党でも共産党でも構わない。賛成すればいいじゃないか」と考えるのは、どうやら議員心理をご存じない〝素人〟の発想で、政党人は絶対に耳を貸すものではない。

こうして四条例案とも議員の任期切れであえなく審議未了・廃案となった。ここであきらめないのが当時の共産党議員団と市民派だった。選挙後に再び同じ条例を提案したのである。

ここでも市側は「前向きに検討中」の答弁。そこで前記の政党（会派）が編み出したのは、市長の提案で条例が出てくるまで、毎定例議会があるたびに継続審査の議決をして先伸ばしすることだった。継続審査の理由は「より慎重に審査するため」と口実だけはつけてあったが、閉会中の審査など一度もなく、ひたすら市長の提案を待つこと一年半。やっと同じものが市長から提案されるとアッという間に可決し、たなざらしにしてあった議員提案の条例は「審議不必要」として事実上の廃案にしてしまった。

議員の提案権がどれほど大切なものかという認識などさらさらない。党利党略極まれりとはこのことである。

一方、共産党も党利党略の宣伝をするのだからいただけない。次の選挙の際に「議員の提案権を行使したのは我が党（議員団）だけ」といつもながらの独り善がりの宣伝に終始していた。市民派議員と共同提案だったことを意識して隠しているのだから、政党の発想なんて結局、どっちもどっちで同じようなものである。

東京都議会も議員提案にイヤイヤ

政務調査費の不透明さは後述するが、透明度を高めるための議員提案の改正案をつぶしたのは東京都議会の自民、公明、民主の三会派。つぶされたのは、共産党と市民派など四会派共同提案の「東京都政務調査費の交付に関する条例の一部改正」案。条例の名称は長いが、改正部分はたったの二十字足らずの「（政務調査費の報告書の提出に当たっては）当該調査費の支出を証する書類を添付して」とあるだけの簡単なものだった。

——納税者の批判もあるのだから、ここは、領収書を添付して使途の透明性を高めようではないか——

と、ごく当たり前の主張だが、「都議会村の論理？」なのか、自民、公明、民主の絶対多数の前にあっさり否決となってしまった。さらにあきれたことに、前記の三会派が議会運営委員会で、「本会議では提案理由の説明も認めない。質疑と討論も認めない」と主張して激論となり、趣旨説明だけは認められたものの、討論は認められなかった。

都民の目があるから共産党の宣伝になる趣旨説明や賛成討論はダメ、ということらしいが、我が国の首都といっても東京都議会がこの程度である。

政務調査費という、もっとも疑惑の目で見られている公金の使途を公開することなく、「言論の府」で発言の機会を奪い、議員の提案権を軽んじている。この現実を納税者はどう見ているのか？　怒りの声が出てこないのが不思議でならない。

【参考資料】
全国市議会議長会「地方分権と市議会の活性化に関する調査研究報告書」
議案提出要件の緩和
市議会における議員提出による議案の大半は、意見書・決議に関するものであり、条例案は極めて少数である。また、その条例案は、委員会条例や議員の定数条例等、議会の構成や運営に関するものが圧倒的に多く、市民生活に関わる一般的施策についての条例案で可決される事例は近年やや増えつつあるものの極めて少数である。

議員提出による議案の割合が少ないということは、一般的に市長部局と議会が十分な協議のうえに政策を決定しているという側面があることにもよるが、制度上の制約があることや不十分な議会の調査機能など政策形成環境が整備されていないことにも大きな要因がある。議会における政策論議を活発にすることによって、議会の活性化を図るためには、議員としても議案、とりわけ条例案を積極的に提案するよう努力することが望まれる。

全員協議会は「ヤミ政治」の始まり

全員協議会で事前に議案などの説明と質疑を終わらせ、その後の本会議を儀式化している議会が結構多く、本会議の提案説明では「全員協議会で説明していますので、提案理由の説明は省略いたします」とやっている。中には、質疑を受けても平気で、「先日の全員協議会でご協議をいただいた際にお答えした通りでございます」で終わっている例もある。何か問題が生じた時に批判を浴び、「議会で慎重に審議した結果だ」と説明しても、議事録はなく、審議の形跡が残っていないのだから、何の説明にもならない。このような行政と議会とのなれ合い、持たれ合いを「ヤミ政治」という。当然、「住民無視」との批判に耐えられるものではない。

全員協議会で説明し、質疑を受けたことを理由として提案説明を省略し、それに抗議した議員を次回の会議から締め出した愛媛県の温泉郡川内町（現東温市）議会のような例もある。その一方、議決を要する案件の全員協議会での事前審査をしないことになっている武蔵村山市議会に対し、当初予算の事前審議を要求して拒否された恥っかき市長は、独断専行が極まって市政から放逐された志々田浩太郎市長（当時）。『増補新版・地方議会議員生態白書』（インパクト出版会）に詳述。

【参考資料】

会議の諸原則（『議員必携』学陽書房）

公正指導の原則

議会の議長のあり方に関する原則である。議員の中から選挙される議会の議長は、会派等から推されたりして競争することが多いが、選挙が終わって議長の当選が確定したら議会全体の長である。したがって、議長の立場は、基本的には、会派的観念を取り去った中立的なものでなければならない。そして、議長は、その職務遂行に当たっては、常に冷静に、しかも公平に、地方自治法・会議規則等の関係法規のほか、会議原則に則って議会の運営に万全を期さなければならない。ことに、会議においては、不偏不党、あくまでも公正に議事を指導すべきであるという原則である。

全国市議会議長会「地方分権と市議会の活性化に関する調査研究報告書」

全員協議会の適切な活用及び運用

全員協議会は、議長が招集する法に基づかない事実上の会議であるが、議長に議会の招集権がないことにかんがみ、必要に応じてその適切な活用を図り、かつ適切な運用を期することが求められる。よって、その活動及び運用について、次のような方策を検討すべきである。

① 議会内部の運営上の問題に関する協議に限らず、市政全般にわたる重要問題又は議案提出に至らない問題に対する議員相互の討論や意見の調整、情報の交換の場として、適切に活用する。

② 内外の関係者、有識者、専門家を招く等により、自主的な研修会、勉強会としての活用を図る。
③ 市長の要請による、いわゆる議案等の事前審議型の全員協議会の開催は、議会審議の形骸化をもたらすばかりでなく、「市民に閉ざされた議会」につながる危惧を生じることにもなるので、議長はその場合の招集については厳に慎むよう努める。

「全員協議会」(『議員必携』学陽書房)

全員協議会の性格

(1) 本会議関連の協議会

省略

(2) 自主的意見調整の協議会

省略

(3) 長が意見を聞くための協議会

この型の協議会には、問題がある。「事前協議型」の協議会は、議会と町村長が一歩はなれて権限を分かち合う「大統領制」の組織原理にもとり、議会の権威を失い、町村長の責任体制も否定することになりかねないものである。このような協議会開催の長の要請には、応じない気骨と心構えがあって然るべきである。

なお、全員協議会は、法的根拠を持たない会議であるから、これに対する費用弁償は支給できないものである。また、全員協議会中の災害については、本会議密着の協議会の場合を除いて、公務災害補償の対象にならないので、十分留意すべきである。

第六章　誰のための「議会だより」

議員名の不掲載は単なるねたみ

有権者から見て納得がいかないのは、選挙では個人の名前で投票したのに当選後の議員が会派を結成することである。だが、議員も人間の集団だから群れたがるのはやむを得ないし、「会派」そのものにもプラスの面もあるのだから、一概に否定しないほうがよい。

この前提で各地の『議会だより』を拝見して気がつくのは、発言者名を掲載せず、会派名だけのところの多さである。

一般質問は本会議で行なわれるが、その本会議は地方自治法の規定で「公開」となっている。当然、議事録には発言者の名前が載っている。何かの事情で本会議を傍聴できなかった住民の「知る権利」に応えるためには、議員の名前を『議会だより』に載せるのは当然のことと思われるが、しかし議員のほうから「会派名だけでもわかるだろう」との声が聞こえてくる。

有権者に会派結成に当たっての説明があるわけでもなく、また、最近の『議会だより』に多用されている「賛否割れ議案の会派別一覧表」を参考にしても、同一会派で賛否が異なる例は時々あることで、「会派名だけでいいだろう」と主張するのは議員の傲慢さの現れである。「知る権利」を阻害していることに気づかせなければならない。

筆者が武蔵村山市で現役の頃、この主張で質問者の名前と会派名の掲載が決まったが、その議論の中で保守系の皆さんの本音が出てきたのには笑ってしまった。

彼らは沈黙が美徳であると考えているのか、質問の機会を放棄していた。中には任期の四年間、一度も登壇せずに〝完全黙秘〟を貫いた議員もいるのだから、このような議員を抱える会派からは、「俺たちは余り発言しない。だから毎回質問する議員が『議会だより』に載るのは不公平だ」「議会で何を質問したか市民に知らせたけりゃあ、個人の『議会報告』でやればいい。全員が発言するわけでもないのに、発言者だけを毎回毎回、『議会だより』で宣伝するのはいかがなものか。不公平で公費の無駄遣いだ」等々と聞くに耐えない主張もあった。まるで昨今の東京都議会並みである。

何回かの議論の末に会派名と名前と顔写真が載ることになったが、それ以来、保守系の議員には支持者から、「『議会だより』を見ても、おめぇら、さっぱり質問もしてねぇが、何やってんだ」との批判が多くなり、質問者が急増した。こういう効果もあるのだから『議会だより』は市民の目線で発行してもらいたいものである。

なお、武蔵村山市議会は定数二十一議席中、一定例会の平均で十六人が一般質問に立っている。議長を除く全員が質問に立ったこともある。質問の出来・不出来は別として、納税者の目を意識するとこうなるのである。

【参考資料】
全国市議会議長会「地方分権と市議会の活性化に関する調査研究報告書」

◎　議会広報紙の改善充実

市議会の運営や活動の状況を広く市民に情報提供するための有力な手段として、市議会報（市議会だより）の発行がある。しかし、市民を対象に議会単独で市議会報を発行しているところは八割にも及んでいない。

⑥　本会議における質問者名等の掲載は、「問」「答」や「市長」「議員」ではなく、質問者の「顔」が見えるよう議員名、会派名を掲載するほか質問者の写真を掲載することにも努める。

◎　ニューメディアの活用

（前文省略）

①　市長部局においてホームページ等を開設する場合は、議会コーナーを設けるよう要請する。

②　議会においても、独自にホームページ等を開設し、議会の仕組みや傍聴手続きの方法、会議の日程ほか、会議録又は議会報を掲載したり、議会に対する意見コーナーを設けるよう努める。

質疑が載らない理由

どこの議会の『議会だより』を見ても、一般質問の内容は簡単に載っているが、議案に対する質疑や討論はほとんど目にすることがない。載せられない理由の第一は、全体のスペースの問題である。もう一つ、たとえば首長が提出した条例案（一部改正案を含む）に質疑をするのは主に野党の議員で、賛成することが仕事と割り切っている与党議員は議案の検討もしていない。うっかり野党のペースに乗せられて質疑すると、「おめえ、与党のくせに野党のまねをしていい格好するんじゃねえ」と賛成要員と割り切っている先輩の議員にたしなめられる。

このような事情が背景にあるため、『議会だより』に質疑を載せたりすると、提案者の首長をやり込めている野党議員ばかりが目立つことになる。与党の、特に保守系の議員にとって、こんな屈辱的なことは許すわけにいかない。そこで、前述したように「個人の議会報告でやれ。公費で宣伝することじゃあねえ」との言葉が出てくるのである。

顔写真で差別扱いも

〇一年頃、東京都議会の『議会だより』の発言者の欄から一人会派の議員の顔写真が消えた。理由は、「毎回、発言してそのたびに『議会だより』に載る一人会派の議員が目立ちすぎる」と自民、公明、民主の三会派が議会運営委員会で決めたという。

繰り返して書くが、質疑、質問、討論の権利は個々の議員に与えられているものだが、前記の自、公、民の三会派は自由に発言する権利を会派の中で勝手に制限して順番制でやっておきながら、当然のように毎回の定例議会で発言しているほうに「不公平だ」と言う。この神経が不思議で並みの感覚とは思えない。代表質問を会派内で交代でやるのは勝手だが、個人個人の質問権はもっと尊重できないのだろうか。

同じ頃、都議会の『議会だより』の発言者の欄から一人会派の議員の会派名が消え「無所属」と表示されるようになった。これもねたみからきたようである。会派届けは一人会派でも受理されているのに、都民に目立つところだけは会派名の掲載は認めないのだから、まるで「創氏改名」の発想である。

愛知県の渥美町議会議員の経験のあった作家の杉浦明平さん（故人）は、

「日常生活ではまじめで常識をもった人が大部分を占めているのに、町役場に入るや、特に議事堂に入るや、一般住民とちがう世界を形つくってしまう。そのくせほとんど全員が日本国憲法も地方自治法も知らない。しかも住民の利益を考えることを忘れてやたらと与党になりたがるし、権力の一端に参与したことを誇る……」

と書いている。

時代とところが変わっても全国津々浦々に至るまで、議員族の共通項はこんなものなのだろう。まさしく言い得てむべなるかなである。

第七章　視察の半分は観光旅行

リンゴ狩りだった委員会視察

委員会視察のテーマと行く先を決めるには議会図書室に備え付けられている「全国市町村要覧」や全国市議会議長会が編集した「全国の自治体の特色ある施策」などを参考にするが、全委員が意見を出し合ってテーマと行き先を決めるのは少数例で、正副委員長にテーマ等を一任する例が圧倒的に多いのが現実である。

委員会視察は農協や各種団体の「研修旅行」名目の観光旅行と同じと思っている議員も結構いるもので、「どこでもいいから旅行に連れてってくれ」と観光客気取りの注文も出てくる。宿泊地はなぜか観光に便利なまちにする。まじめに視察するのなら観光地でもいろいろと勉強のテーマがあるのだから文句を言う筋合いではないが……。

千葉県の浦安市にある東京ディズニーランドは開場してから二十年ほど経ったようだが、開場後は浦安市議会への全国からの視察が激増したと当時の浦安市議から聞いたことがある。激増した理由は聞かなくてもわかるだけに、思わず顔を見合わせて大笑いした。

あきれた話といえば、リンゴの産地として有名な東北のある市の議会事務局職員の話でこういう視察の実態も聞いたことがある。

「ある市議会の視察の申し入れがありまして、秋なのでリンゴ園でリンゴ狩りをしたいとの希望で手配を頼まれました。お安いご用ですので手配したあと、先方の事務局に問い合わせたところ、本市の市政要覧を一冊用意いただきたいと聞きました。お昼頃空港に着かれましたのでマイクロバスでお迎えに上がり、市の中心部のレストランで昼食を召し上がっていただいたあと、リンゴ園に直行した例がありました」

「へえ、そのあと市役所で勉強されたのですか？」

「それが……、皆さん議会の応接室でお茶をお飲みになって休憩している間に、随行の職員に本市の市政要覧をお渡ししてご一行をホテルまでお送りしました。翌日そのままお帰りになったようです」

この視察団がどこの市議会か教えていただけなかったのは残念だったが、当の視察団が帰ってから、議会事務局の職員が先方から受け取った市政要覧から抜粋して、いかにも見聞を広げて勉強してきたかのような「〇〇委員会視察報告書」を作成し、税金の無駄使いは完結となるのである。

議員と役人は予算を使い切る

本来的には似たような施策や共通の課題を抱えているのはどこでも近隣市・町のはずだが、委員の中の誰かが近いところの視察希望を出してテーマを上げても、「近くては宿泊するわけにはいかないから予算が残る。もったいないよ」と堂々とつぶされる。旅行業界では「安・近・短」という用語がある。多分、安くて、近くて、期間の短い旅行が好まれるという意味である。

普通の家庭ではあらかじめ用意して心積もりしている予算でも、安売りの広告を比較するなどして節約に努め、翌月に繰り越したり急な出費に備えようとするものだが、この国の議員と名のつく人々と役人は、翌年の予算要求に不利になるとの考えから、予算を残すのは「悪」と考えている。そのため、年度末に余っている予算で不要・不急なものまで購入する。

最近は交通機関も発達し、二泊三日の予定で視察に出かけても、二日目の午後の空の便で帰ることが可能となったが、たまに視察団から離脱して帰る人がいる程度で、他はそのまま宿泊し懇親会と称して飲み会に繰り出す。

視察中でも夜は自由時間だから、自分の金で飲む分には誰からも文句は言われないが、視察には慣例として正副委員長が金一封を出すのが当たり前のようになっている。これは公選法に触れる寄付行為だが、飲み代が増えることなので皆さん黙っている。

時には市長や議長の交際費から「飲み代に充ててくれ」との趣旨で金一封が出ていることもある。乾杯の前に随行の事務局職員がその旨の報告をするが、皆さん交際費で飲んだとなると発覚したときに批判を受けるのがわかっている。そこで、耳に入らなかったような顔をして聞き流す。あとで誰かが暴露しても、「わたしは飲み会の会費を出している。寄付を貰っていたなんて聞いてないよ」と言えばそれで終わりである。

議員の集団行動は幼稚園児並み

視察では施設の見学も組み込まれることがある。議員のセンセイたちは会議室で先方の市の職員の説明に耳を傾けるのが苦手で、少数のまじめな議員がメモを取る程度。その習性を知っているベテランの議会事務局の職員が、「どうせ視察に行くのですから一つや二つ、施設見学をいれたらどうですか」と適切（?）な助言をして予定に組み込まれている。

こうして博物館や資料館に案内される。施設の入り口には注意書きがあり、「館内の写真撮影はご遠慮ください」とあるし、議員の視察の随行になれている議会事務局の随行職員が、「ちょっと説明しますから聞いてください」と大きな声を出して説明しようとしても、てんでんばらばらに歩いているセンセイ方には徹底しない。館内に入るやいなや館の職員の説明を聞くでもなく三々五々、展示品をバックに写真撮影に興じている。

これらの施設では展示品の著作権保護や光線による傷みの影響を避けるために撮影を禁じているが、それを説明しようとする議員は「うるせえやつだ。知ったかぶりするな」と白い目で見られる。

幼稚園児や小学生の見学会では、先生の説明に口をそろえ、「はあ～い」と答えて徹底するが、議員のセンセイ方は集団行動になると「幼稚園児よりむずかしい」と、どの議会も随行の職員を嘆かせている。要するに議員族のマナーはこんなものなのである。

中にはカメラに凝っていて行く先々で撮りまくる議員もいる。電車が来たのに反対側のホームのきれいな女性を狙ってカメラを構えているうちに、自分の乗るはずの電車が発車してしまい、慌ててあとを追って宿舎で合流したという嘘のような話もある。

観光地の視察で有益な場合

北九州方面に視察地が決まると、たいていの場合、宿泊は福岡にしたがる。それが北海道だと「札幌泊」の希望が出てくる。説明するまでもなく、博多やすすき野の夜を楽しみたいとの魂胆である。

札幌に一泊したいと強硬に主張する議員の中には「せっかく北海道に行くのなら、札幌のラーメン横町で味噌ラーメンを食べてきたっていいじゃないか」と、子供のように純真（?）なことを口にする議員もいる。議員の質は有権者の質を反映しているので、まさにさまざまなのである。

北海道の函館市は観光地として有名なエキゾチックな魅力に富んだ都市だが、交通の便がよくなったのに伴い、観光客の宿泊率が五〇％程度に下がっていると聞いた。その函館よりもっと深刻なのは、札幌のすぐ隣にある観光都市の小樽市である。札幌に近いために宿泊客の多くを札幌に奪われるという悲劇を押しつけられている。議会の視察ではせめて、お世話になる相手側への礼儀としてその地に宿泊することが常識として根付いてほしいものである。

事実上の観光目的の視察は論外として、小樽市には、いったん決定した都市計画を変更して現在の観光都市として蘇らせた、全国に誇る市民運動の歴史がある。それがあの有名な運河保存の運動で、行政も敏感に反応して都市計画の変更に応じて運河の保存が決まったのである。そういう事実経過こそ勉強の価値があるというものである。

こうして高速道路を作る目的が撤回され、運河は観光資源として多くの人々を集めている。各地の開発優先の都市計画を見直す契機となるなら、こんなすばらしい視察の成果はそうざらに得られるものではない。

観光都市の釧路市にも同様な歴史がある。観光資源の釧路湿原は今、国際的に重要な湖沼や干潟などの保全を目指すラムサール条約に登録して保護策がとられているが、皮肉にもその第一歩となったのが、例の田中角栄氏による「列島改造論」だった。

釧路港を陸地のほうに掘り進めて湿原を乾燥させ、内陸部深くに工業団地を造成するという環境無視の乱暴な計画に対し、全市民を上げた反対運動が広がり、その成果としてラムサール条約登録によって湿原が守られたのである。

それぞれの有名な観光地にもこのような立派な歴史が存在しているのだから、視察の目的地がただ単に観光地であるという理由でのやっかみの批判も妥当なものではない。

視察先ではテーマとして希望していなくても、議会のマイクロバスで市内の名所旧跡の案内をしてくれるところもある。これは、少しでもよいところを見せ、次の観光につなげたいと思って案内してくれるのだから、絶対に断らないのがマナーである。

公金が個人の金になる不思議

視察先で同僚の議員を戸惑わせ、先方の議会の職員を当惑させるのが各部局の施策の細部にわたる質問である。視察のテーマで質問しようとノートに書いて行くのはそれなりにまじめな取り組みではあるが、その質問を議会事務局の職員に向けたところで、すべて答えられるものではない。だが、どこの議会事務局長も市長部局の部長職を歴任した経験があるから、それなりにうまくというか、ソツなくこなして質問者をごまかすすべは持ち合わせているが、あとで「何だ、あの議員団は……」と笑われているのは想像に難くない。

議員族はどこへ出かけても議員風を吹かせたがる。役所の中を群れ歩き、廊下でもエレベーターの中でも、委細構わず大声をまき散らして職員や来客のひんしゅくを買っているグループは、よその議員の視察団とみて間違いがない。

視察の目的が金を遣うのことにあるとでも考えているのか、懇親会や二次会で先方の地に派手に金を落とすグループは視察先の役所関係者から喜ばれる。お土産をしこたま仕入れて宅急便で自宅宛てに送る。自宅に着いた土産物は公選法の禁止規定などどこ吹く風とばかりに近所に配り、次の選挙につながるようにする。物を配ったり人の集まるところなら必ず顔を出し、金一封を置いたり、視察先の名産品をこまめに届ける議員は、「やつはケチだったが、議員になってからは成長し、真面目になった。議員活動も熱心だねえ」と評価が上がる。この国の政治を地方から支えているのがこの程度の議員と有権者、と言ったら差し障りがあるかもしれないが、どこの議員も支持者も大なり小なりこんなものである。

視察の際の昼食は先方の議会事務局で豪華なものを用意してくれる。宿泊にはビジネスホテルを利用すると一泊朝食付きで約一万円前後。グリーン車の料金が支給されるが、普通の座席指定を利用すれば差額が浮く。視察から帰って数日後、議会事務局から随行した職員が、「視察旅費の精算ができましたので……」と各議員に茶封筒を渡して歩く。中にはグリーン車の料金や定額で高額支給された宿泊費などの旅費総額から実際に支出した額との差額が入っている。議員は、余った公金が懐に入ることに何の疑問もなく、「はい、ありがとう」と当然のようにポケットに収めるのである。

最近では、各地に続々と誕生した市民派議員の主張で、徐々にではあるが、旅費の計算を実費主義で行なう自治体が多くなっているのは歓迎すべき傾向だと思うが、そのような市民感覚からの改革の提案は多くの場合、「小さい小さい」と侮りの目で退けられる。

なお、実費主義に改めた自治体でも、宿泊費にも実費主義を適用すると、税金は議員が勝手に使えるものと錯覚している議員のことだから、「実費が出るのなら、視察先の最高級のホテルを手配しろ」と言って職員を困らせることが予想されるだけに、当面は定額で支給する方法を続けている。

政務調査費の項にも書いたが、案外多いのが視察名目の空視察で費用をひねり出して個人の懐に入れる手口である。それが発覚しても、一昔前までは議会の中で問題にされるだけだったが、最近は刑事事件として逮捕・立件される時代になった。

公金の行く方に対する監視の目も厳しくなり、議会のいい加減な自律権だけに任せてはおけないとの取り締まり当局の判断かもしれない。裏金を作るのに上手な検察や警察が議員の不正を追及するというおもしろい構図である。

立件された典型的な空視察

虚偽視察をでっち上げて公費詐取事件に発展した珍しい事件がある。多くのマスコミが取り上げた事件だが、〇二年六月二十一日の朝日新聞の記事の抜粋である。

——検証　岩手・一関市議虚偽視察疑惑「欧州の旅」はアジア観光

岩手県一関市の浅井東兵衛市長は、近く二人の元市議を詐欺、公文書偽造、同行使の疑いで告訴する。昨年辞職した吉田博之氏（64）と、99年の市議選で落選した佐藤照男氏（54）。

97年7月、二人はロシア、ドイツ、フランスを視察する、と旅に出た。帰国後、議長に出した視察報告には、視察内容が具体的に並んでいた。

「空港は電力不足のため薄暗く……」「疲れと時差調整のため仮眠。なかなか眠れない」「農家訪問。ジャガイモは肥料、農薬不足のため小粒。日本では市場出荷できるものはわずか……」

疑問が出てきたのは今年3月。市民団体「一関市民会議21」の起こした訴訟が発端だった。同団体は96年以降の海外視察の資料を調べ、一昨年5月、市議11人（延べ19人）の旅費総額1０4１万円を「観光目的だ」として返還請求訴訟を起こした。訴訟の中で、２人の旅行実態が象徴的な例として浮かび上がった。

旅程のルートに航空便がない。出発当日、２人はソウル便に乗っていた。それが搭乗者名簿でも確認された……。

訴訟で２人は非を認め、欧州３カ国行政視察の旅費（１人分約70万円）で韓国やタイなどを観光していたことが法定で明らかになった。今年４月末、佐藤氏は旅費を市に返還した。吉田氏は昨年８月、他の海外視察旅費とともに計２００万円を返した。

浅井市長は「市民を欺いた行為は許せない」と憤り、刑事責任を問うことにしたという。

「証拠の旅券」は偽造と判明疑惑はもう一つある。

99年8月の「アジア5カ国・地域海外行政視察」。この旅行には吉田氏と、当時現職だった千葉静男氏（74）＝99年12月引退＝の2人が参加したことになっていた。

しかし昨年、訴訟の中で、証拠として法定に出された2人の旅券のコピーが偽造であることが判明。台湾のスタンプが、すでに使われていない古い図柄だった。本物の旅券提出を求められると、2人は「空港で盗まれた」「子どもと部屋替えした時、自宅で紛失したらしい」と答えた。その後、2人は5カ国・地域のうち台湾とベトナムには行かなかったと認めた。

この件は昨年秋、市議会が全員協議会や地方自治法100条に基づく調査特別委員会（百条委）を設けるなどして調査したが、なお不明な部分が残っている。今年、市と市議会が両氏をそれぞれ盛岡地検一関支部に告訴、告発した。盛岡地検幹部は「年内にはけりをつけたい」という。

2件、計3人の「架空旅行」は、詐欺事件に発展しそうだ。

疑惑解明の端緒を作った「一関市民会議21」が最初に疑問を抱いたのは一昨年初めだった。「観光目的の視察に公費を使うのはおかしい」という素朴な疑問から、監査請求をした。門前払いされたが、公文書保存期間までさかのぼって1万枚の資料を調べ、訴訟にこぎつけた。結果的にこの裁判が、架空視察の実態を次々にあぶり出した。――

この記事から事件を振り返ってみると、起こるべくして起こったという感がする。

まず、議会全体のなれ合い体質がある。視察計画に所定の申込書があったが、主に議員が議長に口頭で希望を伝える慣習があったという。帰国後の報告書もずさんで旅行会社の書類を出す市議がかなりいたこともわかった。毎年視察を実施しているのに議員の旅費に関する条例もなかった。議会事務局の職員が公文書を改ざんしていたことも裁判で明らかになったというのである。

八〇年代に、兵庫県・尼崎市議会の会派調査研究費の使途の総汚染が問題となり、全国に衝撃が走るとともに「他山の石」として各議会で見直しが進んだはずである。

事件当時の一関市議会にたった一人でも、普通の市民感覚を持った議員がいれば、議会の中で「おかしいよ」と不正を暴いて声を上げたに違いない。いったん制度の凍結を求め、海外視察は真に必要なものなのかの議論を巻き起こし、実施するとしても手続き面の見直しを行なうことを要求し、さらにこのでたらめな実態を市民に知らせるという行為に出ていたならと思わざるを得ない。

議会事務局の職員も「長いものに巻かれろ」と議長と一体となっていたようだが、これも犯罪的な行為である。監査請求を門前払いにした監査委員の体質も論外である。

視察の現地解散は公務災害の対象外

寄り合い所帯の一部事務組合議会の視察でよくあるのが、予定の最終日の朝、現地で解散して思い思いのルートで帰路につくケースである。多くの場合、各市・町のグループごとに、近くの観光地で見聞を広める名目での〝研修〟をしたあと、その日の夕方に帰ってくる。

視察は公務であるから、帰ってくるまでの災害は公務として保障されるが、現地で解散してしまえば、そこから事故で災害に遭っても保障の対象にはならない。

帰路に寄り道せずに帰りたいと思っている議員や随行の職員は、仕方がないのでばらばらに帰ることになるが、何かの場合は公務から離脱していたとして保障もされず、とばっちりを受けることになる。最近はそこに気づいて現地解散を避けることにした視察団もあるが、まだまだ少数派のようである。

職員が気づいていてもなかなか言い出しにくいものだから、改めるには議員の中から口にしなければ難しい。しかし、現地解散で一日遊んでくることを既得権と考え、誰にも迷惑を掛けていないと思い込んでいる議員にそれを期待すること自体、ないものねだりに等しいのである。

群馬県のある町議会で、海外視察に出かけた先で一人の女性議員が視察後に、現地にいる娘とひと時を過ごして遅れて帰った。帰ってきて彼女を待っていたのは、「議員にあるまじき行動」との理由による「辞職勧告決議」だったという。

先に書いたように、国内でも国外でも本来の目的の視察後に、委員長に理由を告げたうえ、許可を得てグループを離れて別便で帰途につくことはあり得ることである。この事例の離脱の手続きがどのようなものか詳細はわからないが、まさか、現地で突然姿を消したということでもなさそうだから、委員長の許可はあったはずだから、本人は帰ってきて「辞職勧告決議」とはわなにはめられた理不尽な攻撃を受けたと思ったことだろう。

ちなみにこの女性議員は、どこの議会でもいじめ、嫌がらせに遭うことの多い市民派である。

海外視察は「慰労」と「観光」

真に意義のある海外視察まで否定的するつもりはないが、多くの議会の選考基準の実態は、在職年数の多い議員の中から順番に送り出す慰労と観光を兼ねたものである。どこでも一応は視察の目的を定めるから、その勉強にもっとも適した意欲のある議員の中から派遣すれば、将来的にもそこに投じた費用の効果が期待できるはずである。だが、若手が声を上げても、「生意気言うな」とばかりに一蹴されるか無視されるかである。

日本中にはさまざまな議会があるもので、「議会報告」に海外視察を批判的に書いて反対したとして代表者会議で懲罰の検討がされた議員もいる。

ここに、その一件を書いた船橋市議会の佐藤浩議員（完全無所属・政治不満族代表）の議会報告『月刊佐藤浩』がある。

さまざまな反対の理由を上げ、一人で海外視察を凍結に追い込んだ記事が載っている。「過去の日程を見てみると『物見遊山』批判は免れない。ラスベガスやグランドキャニオン、ナイアガラの滝を見て、船橋市政にどういうメリットがあるのか」

「昨年（九九年）十月に行なわれた議員海外派遣も友好都市西安からの招待ということになっているが、なんと『招待状がない』事実が発覚している。外交上の正式訪問で招待状がないなどということがあり得るのか」

一人の新人が海外視察の実態を暴露して視察の実施を凍結に追い込んだ話である。

海外の姉妹都市との関係にも無駄遣いの落とし穴がある。一定数の議員を「親善訪問団」と称して送り込むが、姉妹都市そのものが行政にどれだけの効果をもたらすのか疑問もある。

効果もわからないのにやたらに姉妹都市の締結をしたがるのは、慰安をひそかな目的とした旅行の口実が増えるからとの勘ぐりも成立しそうである。

全国的には海外視察の自粛の傾向が多くなっているようだが、海外視察で注目に値する判決も出ている。

〇二年八月、大阪高裁の尼崎市議会の海外視察の住民訴訟に関する判決で、被告側の「市の街づくりに生かすため視察した」との主張に対し、「研修の成果が具体的に市の活動に生かされたと認められる証拠はない」と指摘している。また、「視野を広げたり、国際感覚を身につけたりすることは海外旅行のすべてに言える結果であり、公務性の理由づけにはならない」とも述べ、旅費等の一部の返還を命じている。

国内の視察でも具体的に自治体の施策に生かされたと認められる証拠を挙げるのは難しいと思われるので、そのうちにこの判決が国内の視察に関する判決に影響を与える可能性もあり、そうなると視察そのものも廃止に追い込まれるかもしれない。

公費二重取りの〝猫ばば〟の手口

玉野市議会の宇野俊一議員（無所属）が〇三年の統一地方選挙の直前に書いた「議会報告」紙の記事が名誉毀損に当たるとして刑事告訴された。

記事は県議会議員の旅費の二重取り疑惑を書いたもので、主にその事件の経過を証拠書類に基づいて書いただけだった。

念のため、筆者の責任で当の「議会報告」全文を1から6に分けて掲載する。

1から4は、証拠書類に基づく記述。5に数行の批判があるだけだが、これを継ぎ足した〃海賊版〃の怪文書が大量に出回り、県議会議員選挙で苦戦を強いられた当の県議会議員は、出所不明の〃海賊版〃まで証拠として刑事告訴したもの。警察ではこの手の刑事告訴は通常の場合は受理しないが、当該議員が県の警察関係の委員会に所属していた事情も勘案されたのか、これが受理され、宇野氏は送検された。

この国に「法の元の平等」などはないのは先刻承知してはいるが、これを受理した地元の警察の判断は政治的としか言いようがない。検察官はケラケラと笑って不起訴にしたという。

次は告訴された問題の「議会報告」である。

県議会議員に公費二重取りの疑惑　市民オンブズマンが「監査請求」

1　措置請求の要旨

県議会議員の住吉良久氏（県民ク）に海外視察費を支給したのはおかしいと、市民オンブズマン岡山から「海外視察の〃不正利得〃返還を求める措置請求」が県の監査委員に提出されていた。

平成十四年八月二日から七日にかけて「日中友好三十周年事業中学生卓球交歓大会」が中国で開催されたが、これに団長として参加した住吉氏が参加団体に交付された市の補助金と県の旅費を二重に受け取っていたという疑惑である。

2　事業の概要説明

玉野市と中国の九江市は姉妹都市を結んでいる関係から、玉野渋川ライオンズクラブが住吉良久氏を団長として同氏を含む三人の大人と選手の中学生二人を前記の大会に派遣した。玉野市は国際交流事業であることから、渋川ライオンズクラブに同年九月十九日、「国際交流事業助成金」として七十万円を交付している。この費用と同ライオンズクラブの約七十九万円がこの事業費として当てられた。

3　住吉氏が提出した決算報告の説明

住吉良久氏が玉野市に提出した「日中友好交流都市中学卓球交歓大会決算書」には派遣事業の収入と支出の明細が載っていて、旅行代金百二十一万三千百円の内訳から、国内移動費、保険料、ユニフォーム代、壮行会費、記念品代、雑費まで、合計百四十八万九千五百四十六円の決算報告となっている。

4　県費からの支出の状況

ところが一方、県の資料によると、住吉氏は同じ日程で県議会議員の公務として「日中友好三十周年記念事業による、中学生卓球交歓大会視察」として県費による旅費二十六万六千四十円を受け取り、旅行業者に支払ったとしている。この旅費の内訳は、航空運賃十二万四千三百五十円、現地交通費五千円、ピザ空港使用料等七千二百七十円、国外・日当宿泊料十万八千百円、国内旅費二万一千三百二十円となっている。

5　以上の資料から判断した批判

玉野市とライオンズクラブが経費の全額を負担しているのだから、常識的に考えて、県から支給を受けた費用の全額は住吉氏の懐に残っていると考えざるを得えない。

税金の使い方をチェックするのが議員の仕事との認識があれば、このような詐欺的な方法による「猫ばば」は許されるはずもない。オンブズマン岡山が監査請求を提出したのは当たり前。選挙ではこういう姿勢が厳しく問われるのではないか。

6　配慮

なお、統一地方選挙も近いことから、当事者の名前は出さずに「某県議会議員」としようかとも考えたが、それではかえって他の議員に迷惑だろうし、既に監査請求で公になっている事情もあり、あえて実名で書いた。それ以外に他意はない。

注・当該議員は民主党系の議員のようで、この事件の後、岡山県議会の自民党議員の間ではもっぱら、〝猫ばば議員〟と言われているという。

無駄な視察に歯止めの「確認事項」

武蔵村山市議会には無駄な視察に歯止めをかける目的で全国でも極めて珍しい「確認事項」がある。

「議会運営委員会の設置の特殊性から、視察については、先進地の実情を十分に調査の上、具体的な視察項目を定めて実施の可否を決定することとし、いやしくも予算消化のための行動との批判を招かないように留意する」

全会派の「異議なし」で確認して決定し、「議会運営委員会申し合わせ事項」に明文化されている。

第八章　こんなにある議員特権

他の年金と併給になる議員年金

年金の掛け金（保険料）の負担が多くなる一方、給付の条件がどんどん切り下げられ、庶民にとって将来の生活設計が厳しさを増すようになってきたが、実はその一方で、地方議員から国会議員まで独自の年金制度があり、しかも議員だけが他の年金と併給になると聞けば、納税する側はさすがにむかつきを抑えることが難しくなるだろう。

もちろん掛け金は議員報酬と期末手当から一定の率で差し引かれてはいるし、そのうえ厚生年金か国民年金は強制加入になっているので、二重に納入している議員の側から見れば併給は当然との考えが成り立つ。しかし、掛け金を四十年納めても年額八十万円弱の支給額の国民年金だけの庶民が怒るのは当然である。

地方議員の場合は三期十二年務めると受給権が発生し、退職するときの標準報酬月額の三分の一が支給され十二年以上務めると一年ごとに逓増する仕組みになっている。厚生年金などと同じく、本人の死亡後は半額が遺族年金として配偶者に支給される。不幸にして勤続十二年に満たずに落選したり引退した場合は、それまでの掛金総額の八割ほどが退職一時金として支給されている。

法律的には地方議員は議員年金の保険料を報酬や期末手当から差し引かれるほかに、厚生年金か国民年金の強制加入になっているので、いずれかの制度に一元化するべきだろう。

〇三年の統一地方選挙に際し、一部の地域のネットの議員候補者の資料に一元化を求める方針が載っていた。法律の改正を要することなので、真剣に取り組んでもらいたいものである。

若い議員はよく議員年金不要論を口にするが、職業として議員活動に専念して取り組むのなら、他の年金との一元化を主張するほうが説得力があるだろう。

議会側と首長が対立し、議会解散のリスクを犯してまで不信任の議決をしようとする動きが出るときには議員の互助精神が働くからおもしろい。三期で辞める議員は最後の任期中に解散があると、当然、年金受給資格の十二年以上の最低限の勤続年数を充たすことができない。そこで、引退する同僚の年金の受給資格を考慮して議会の解散につながる恐れのある首長の不信任議決の時期を探ることになる。

「彼は今期で三期目だ。今期で引退する予定のようだが、今解散すると一か月不足で年金の受給資格がパーになる」ということで他の会派に根回しし、会期を延長しておいて受給資格ができた段階で長の不信任を議決するという芸の細かいことをやる。ある自治体で共産党系の首長を不信任で追い落とす際にこの手口が出現したという。

不信任可決で即日議会解散になると、一日違いで年金の受給権が消滅する一部の議員の不利益を招く事態を避けるため、圧倒的多数の与党会派が相談し、会期を一日延長の手続きを取ったあと本会議の休憩に入り、夜中の十二時を回ったところで本会議を再開し、不信任を議決したというのである。

一人、あるいは数人の仲間の議員の懐勘定を優先するため、その日から翌日まで庁内に残され「議会対策」と称する残業を強いられた職員は大迷惑。その職員には超過勤務手当が支給されるから、もっとも迷惑するのは納税者である。

「皆さんの生活向上のために働きます」と騒音をまき散らし、戸別訪問で〝票こじき〟に走り回っていたセンセイ方の生態を知ることのない納税者は、完全に置き忘れられているのである。

年金の減額受給を避ける駆け込み辞職

地方自治体の合併が進むのに伴い議員の数が減り、その影響で共済組合の納入額が減り続けるのを受け、〇三年四月から年金の受給額が変わり、〇三年度以前の在職者は一割減額に、〇三年度以降の当選者は二割減額になる「地方公務員等共済組合法」が施行された。そこまではいいのだが、当選回数を重ねた議員でこの年の四月の統一地方選挙に立候補せずに引退する議員の任期は四月末日なので、任期一杯で退職すると改正後の法律による減額の対象になる。そこで、かなりの数の議員が同法適用の前月の三月末に「駆け込み辞職」したというのである。

茨城県の石岡市議会で二人、水戸市議会で四人、青森県の十三町議会では二十一人になったとの報道があった。県議では和歌山県議会で四人いた。三月末で辞めれば当然、四月分の議員報酬は入らないが、退職後に四年以上生きていて年金を受給するとプラスになるという計算が成り立つという。

全国的な調査をすればかなりの数の議員が「駆け込み辞職」していると思われるが、税金の使途をチェックしてきたはずのセンセイ方としては、何ともセコイものである。

国会議員は月額十万円の掛け金を十年間払い続けると、退職後の六十五歳から月額三十万円支給になる。もちろん議員の納付額だけでは成り立たないとの理由で、この制度の大半は国費から充当されている。長年務めると逓増する仕組みは地方議員と同じ。ちなみに、余りに脅しが過ぎて見せしめ的につまみ出されて臭い飯を食わされた、かわいそうな汚職容疑者の鈴木宗男ちゃんは、六十五歳から年額四百七十万円の支給になるそうである。もっとも、有罪が確定すると年金に影響が出ると聞くが、今のところは〝推定無罪〟である。

この宗男ちゃんと比較するのは失礼かもしれないが、かの大勲位・中曽根さんは年額七百万円ということである。

前述したように地方議員も国会議員も他の制度の年金と併せて受給できるのだから、一般国民と比較して議員族はずいぶんおいしい職業である。本人が死んだ場合は遺族に受給権が引き継がれ、連れ合いが他の年金を受給していてもこの遺族年金は併給される仕組みになっている。サラリーマンの場合は、厚生年金に四十年加入の平均で夫婦二人で約二十三万円。自営業者などが加入している国民年金の年額は一人八十万円ほどである。この国民年金には遺族年金はない。ここだけ見ても不公平である。

国民皆年金と言いながら、併給を認めている議員優遇の制度を特権と言わずに何を特権と言うのだろう。

かく言う筆者も地方議員暦が七期二十八年ある。したがって、逓増の議員年金を受給し、もうひとつの年金も受給している。議員になる前のサラリーマン時代に加入していた厚生年金と通算される国民年金は議員時代も強制加入で保険料を納付していたので、議員年金と併せて二つの制度からいただいている。大変申し訳ないと思いながら、それでも、議員経験者だけが優遇されるのはおかしいと思うからこそこの項を書いている。

全国の地方議会に一斉に、「地方議員の年金制度と他の制度との一元化を求める意見書の提出を求める請願」などを集中的に出すと、恐らく不採択にする議会はないと思われるので、国と国会に対する意見書となり、国会議員の制度を巻き込んで国を動かすおもしろいことになるかもしれない。

議員経験者会に補助金

退職議員の親睦会に多額な補助金が交付されていることは案外知られていない。東京都や東京の二十三区にこの制度があるが、先輩議員の無言の圧力が利いているのか？　あるいは遠慮なのか、現職もいつの日か退職して対象になるのを意識して楽しみにしているのか、制度の廃止論が議会で出ることはない。格好をつけるのだけは一人前の石原慎太郎知事もこの件での発言はない。

実態を知りたいと都議会の事務局に問い合わせてみたが、互助組織は任意団体なので使途は公表できないとのことだった。相手が任意団体といっても、補助金を交付する際に何にでも使える補助金など通常はあり得ない。近く「知る権利」を行使して支出の目的や補助金の使途を調査するつもり。どうせ宴会や親睦旅行などに充てているのだろうが、何に使用しているかわからないところに予算を付けているのなら、都政もずいぶんおおらかなもの、これこそ都知事と議会側とのなれ合いなのだろう。

「行革だ」「構造改革だ」と庶民に痛みを押しつけている側が、身辺の無駄を放置している神経は納税者の理解の範囲を超えている。

ところで、議員は退職した先輩に遠慮しているのか、東京の二十三区のうちこの制度を廃止したのはただの一区だけである。

「功労金」名目の退職金も

神奈川県には退職県議会議員に一人当たり百万円の功労金という名目の退職金が支給されている。地方議員には地方自治法の規定で条例に定めのない一切の給与・給付は禁止されているので一応は「県政功労者に関する条例」で規定してあるから、法的にはクリアしているのかもしれないが……。県議会議員が県政のために働くのは当然である。だから、報酬や期末手当が支給されている。そのうえ功労金まで手にするのはもらい過ぎである。

この条例は一九五一年のお手盛り施行で、九八年に条例を改正するまでは、退職議員の期数に応じて、連続二期で六十万円、六期以上だと二百五十万円が支給されたという。

ここまで、県議会内部で廃止に向けての提案も協議もなかったのか、あるいは提案がつぶされたのか。〇三年に引退した県議のグループが知事に廃止を求める申し入れをして初めてニュースになったとはお粗末である。

この種の問題を知事に申し入れ、知事提案で議会に「廃止条例」を提案する解決の方法はあるが、一部からの申し入れでは議会側が廃止に難色を示すかもしれず、知事は提案するかどうか悩ましいことだろう。本来は議会の中で協議して「廃止条例」を議員提案し、全会一致で可決して制度を廃止するのがもっとも好ましい方法なのである。

市民感覚を持った県議がいれば、議会の中でそれなりの提案をして、要れられなかった場合は事実を公表して県民の声を圧力として廃止運動を進めることが有効だが、そのような智恵者はいなかったのか？　疑問の残るところである。

なお、〇三年の退職議員は十九人、その中の一人だけが辞退したということを知ったが、旧弊を打破するには、こういうやせ我慢も必要なことである。

全国的な調査をしてみれば、さまざまな方法で特権的な議員の優遇策がはびこっているかもしれない。議会側が無理を言っても、「はいはいわかりました」と聞く耳を持っているほうが議会に対する懐柔策になるので、なれ合っていたほうが首長にとっても楽なのはわかるが、納税者はこのような税金の無駄遣いを黙って許していていいのだろうか。

永年勤続表彰に上乗せ支給

全国市議会議長会の永年勤続議員の被表彰者には表彰バッジが交付されるが、わざわざ予算を組んで上乗せの功労金を支給している議会がある。これは違法である。

私鉄が通っている自治体の議員にその私鉄の無料パスが貸与されているところもある。

国会議員のまねなのか？　公営交通の無料パスを交付している議会もある。市民派の新人が登場して事実を知り、廃止を主張すると先輩の既成政党の議員の皆さんに嫌な顔をされて拒否されるが、この特権を広く暴露することで制度は廃止の方向に追い込まれるはずである。

知らない顔をして自身も特権にあぐらをかいている市民派の議員がいるとすれば、これだけで市民派失格である。

公立病院でも優遇策を設けていた例がある。

東京三多摩地区の公立の大総合病院が内規で議員や職員に対する次の特典を実施していたことがある。

一、初診料を徴収しない。
二、個室使用料（差額ベッド代）を徴収しない。
三、診断書、証明書などの文書料も徴収しない。
四、歯科慣行料金を三割免除する。

議会でこの制度が暴露されると、既得権を盾に抵抗する議員や職員の反発は相当なものがあったが、世論の高まりもあり二カ月半の攻防でこの制度は廃止となったが、このような違法・不当な問題が表に出ても、既得権を主張する職員組合に遠慮があるのか、組合と支持協力関係にある政党の議員は全く沈黙を守っている。職員や議員としての当然の待遇ぐらいにしか思っていないのなら、圧力団体のために働く自民党の議員と同じで困ったものである。

議員の健康診断を公費で行なっている例が結構ある。議員といっても法律的には非常勤特別職である。どこの市町村にも議員のほかに数百人の非常勤特別職がいるのに、議員だけが公費で健康診断ができるように予算化されているとは姿勢が問われる。議員も何かの健康保険に加入しているのだから、その制度を利用すれば済むことである。

「行革」という言葉が好きで、平気で住民の負担増に賛成するセンセイたちも、このような費用が予算の議会費に組み込まれるよう要求する。市民派議員がこの制度を知って廃止を主張してもなかなか首を縦に振らない。納税者の目の届かないところにある議員特権である。

第九章　ヤミに消える政務調査費

領収書不要が大半

地方議会の政務調査費は早くから「第二給与」「ヤミ給与」と批判されてきた。これは支出の基準を甘く定め、実績報告書に領収書などの証拠書類の添付の義務付をしてこなかったことによる。そのため実際には違法に議員個人の懐に入ったり、飲み食いに使用したものでも、不備な情報公開の制度により納税者のチェックが及びにくいとの批判もあった。

国会議員には文書通信費等が法律を根拠に支給されているが、地方議員には地方自治法が改正されるまで報酬と期末手当と費用弁償が支給されるだけで、それ以外の費用の支給は禁じられていた。そこで各自治体の議員が知恵を働かせたのか、悪知恵というのか？　法の抜け道を利用したのである。地方自治法の第二百三十二条の二に、「普通地方公共団体は、その公益上必要がある場合においては、寄付又は補助をすることができる」との規定がある。これは商工団体や農業団体、老人会や自治会などに交付する補助金の支出の根拠になっている規定だが、利にさといセンセイ方はこの規定を用いて調査研究費の交付を受けることを考えたのである。

しかし、議員個人はこの公金を受給することができないので、議会内の任意団体である会派が受け皿となり、そこに議員一人あたり年間〇〇〇万円として交付を受けていたのが実態で、いったん受領してしまえばこっちのものと無駄遣いされたのでは納税者にとっては泣き面に蜂である。

匿名である区議会議員から相談を受けた例の一つに、「政務調査費の使途の内容を教えてくれるように会派の代表に聞いたが、『俺を信用できないのか』と言われ、教えてもらえなかった。どうしたらいいか」というあきれた話もある。

過去にさまざまな議論を呼んだ政務調査費だったが、全国市議会議長会などの運動で地方自治法が改正され、〇一年の四月から各自治体ごとに条例が整備された。しかしその後も実体はヤミの中で、批判の声は絶えることがない。

東京の二十三区の区議会の〇一年度の交付実績は一人当たりの月額最高額が世田谷区の二十四万円、最低が台東区の十二万五千円となっていた。

法律改正に基づく条例化に当たり第三者機関の意見を聴取したのは十五区、したがって、それ以外の千代田、港、文京、台東、北、中野、練馬、葛飾の八区は、俗にいう「お手盛り」である。収支報告書に領収書添付を義務付けてあるのはわずかに千代田、台東、品川の三区。領収書の写しを添付するのは目黒、練馬、葛飾の三区。会計帳簿の写しを添付するのは文京、大田、世田谷となっている。東京の三多摩地区の各市議会には市民派の議員が多いせいか、透明度の高さは全国平均をはるかに上回っているようである。

以下、朝日新聞の記事（〇一年五月四日）を引用する。

——条例が制度化されたあとの都道府県と政令指定市での支給総額は年間約百八十億円にのぼるが、使途の分かる領収書の提出を義務づけた条例は、一議会もない。

都道府県、制令指定市、条例未制定市の徳島市を除く県庁所在地の議会事務局の回答とでは、支給額の一人当たりの月平均は、都道府県議が平均三十九万円、制令指定市議は約四十四万円。都道府県別では、最高が東京都の六十万円、最低が鳥取など三県の二十五万円。政令指定市は横浜、名古屋、大阪の五十五万円が最高。

各条例は、収支報告書を議長に提出する義務を定め、内容は閲覧できる。しかし、高知県と京都府を除き、領収書はまったく提出しなくてもよいため、閲覧しても具体的な使途は分からない。

高知は会議に伴う一人五千円以上の食糧費など、京都は一件五万円以上の支出について領収書提出を義務づけたが、「ガラス張り」からはほど遠い内容となっている。

県庁所在地では秋田、甲府、静岡、津、大津、松山、那覇市議会の七市議会がすべて領収書の提出を義務づけてある。——

この中で、松山市議会は一人の市民派の女性議員のたった一人の要求が実を結んだ珍しい例となっている。

鹿児島市議会は法改正前も立派な条例があったが、領収書の添付は義務付けてなかった。議会事務局の職員に、「議会の中で議論になりませんでしたか」と聞いたところ、「議会では『各会派が要綱に定められているように使用しているので、領収書添付の必要はない』と言われています」。「へえ、それってなれ合いでは……」と言いたくなるが、職員に言ったところでラチがあかない。自民党から共産党まで、それでいいと放置しているとすれば、納税者の「知る権利」なんて考えてもいない証明で傲慢である。

なお、同市議会の法改正後の条例にも領収書の添付義務はなく、それを理由に市民派の女性議員がただ一人月額十五万円（〇四年度）の同調査費の受け取りを拒否している。

第五章で触れたが、東京都議会は共産党議員団と市民派が共同提案した、領収書添付を義務付ける条例改正案を自、公、民の三会派が否決している。

各議会の領収書添付義務反対の会派から聞こえてくるヘ理屈で多いのは、「要求があれば、会派で保存してあるものを見せる用意があるから、公開制と同じだ」というものである。冗談じゃない、納税者は公文書公開制度として同制度の実施機関である、「議会」もしくは「議長」に対する請求権の保障を求めているのであって、税金の使途を会派にお願いして教えてもらう筋合いではない。制度に対する認識の不足と傲慢さがヘ理屈の原因であると指摘されて反論できる会派はあるまい。

常任委員会を会派と見なす議会

定数十六人のうち、市民派の女性議員一人を除く全員が保守系議員だった新潟県青海町議会は常任委員会を会派と見なして政務調査費を交付している。

〇二年度に施行の政務調査費に関する条例には「交付対象は、町議会の会派（一人会派を含む）とする」と規定してあるのに、一人を除く全員が「仲良しクラブ」的なグループで、したがって会派がなかった。そこで調査費の交付を受けたい連中が考えたのは、「常任委員会を会派とみなす」という奇策だった。

この決定に反発した女性議員が自身のレポートで「なれ合い議会」と批判した。ここから、議会総体の暴走が始まり「町政リポート調査特別委員会」を設置していじめに回ったのである。

この事件には問題点が二つある。まず最初の問題は、会派はあくまでも議会内の「政治主張を同じくする」任意団体にすぎない。一方、常任委員会は、地方自治法の「常任委員会は、その部門に属する当該普通地方公共団体の事務に関する調査を行ない、議案、陳情等を審査する」との規定で設置されているものである。つまり所管事務の調査や議案などの審査のためにあるものである。政務調査費の使途目的で支出の範囲を定めた条例との整合性を図れるとはとうてい考えられないのだが、これを金をもらうときだけ一緒に考えるというのは奇策を通り越した暴走と言えるものである。彼らの考えでは「常任委員会だって皆一緒の仲良しクラブだ」ということかもしれないが……。「仲良しクラブ」の面々の頭脳の中ではどのような整理ができているのか？　是非とも知りたいものである。

政務調査費の交付条例には「常任委員会を会派とみなす」との〝みなし規定〟があるのかもしれないが、これこそなれ合いの極致というものである。

二点目の問題は、議会外のレポートでの批判はけしからんと、特別委員会を設置して嫌がせをやる異常さだった。委員会は六回開かれ、「議会の品位をおとしめた」とお定まりの批判から「自己本位で偏見に満ちた文面」「多くの町民が議会に不信感を抱いた」との委員長報告での攻撃があったという。まるで、そのまま「仲良しクラブ」を指している言葉である。

嫌がらせの攻撃を受けたご本人は「言論統制だ」「議会人がこれまで傲慢になり、下品になったのか」と反発していた。だが、「仲良しクラブ」の魂胆が的中し、三期目だったくだんの議員は次の選挙で次点で議席を失った。悔しさが伝わってくるようである。

この種の議会外の言論に対する不当な攻撃は全国的にも多くの事例があるが、当該議員の復活を切に願う意味で、悪例の中でも度を越した超悪例として紹介した。

キャバレーやクラブで研修も

東京の品川区議会の自民党区議団が〇四年一月、〇一年度分の政務調査費の一部、三一万三二八六円を「誤解を招きかねない」として区に返却した。同区内や銀座や六本木などのキャバレーやクラブに支払っていたもので、「品川区民オンブズマンの会」が調べ、「不適切」として東京地裁に住民訴訟を起こし、結審が迫っている時期だった。

同区の政務調査費は区議一人当たり年額二二八万円が会派に交付されている。「品川区民オンブズマンの会」が情報公開制度を使って〇一年度分の使途を調査したところ、自民党区議団に交付された政務調査費の約三割にあたる八九〇万円が飲食に使われていたことがわかったという。

同会は〇二年夏、区に監査請求したが却下されたため、自民党区議らに調査費の返還を求めて東京地裁に提訴。「使途を明らかにする必要はない」とする区議団側と、スナックやナイトクラブ、キャバレーなどに払った九件、三一万三三一八六円について争い、〇四年の二月十二日に結審する予定だったという。

ところが結審直前の一月になって、同区議団側は「内部調査の結果、誤解を招きかねない不当な支出だった」とし、三一万円余を区に返還した。同区議会幹事長の見解は、「一般の方に誤解を招く場所での支出分を返した。内部調査の結果で、裁判は関係ない。どんな場所でも、飲食しながらでも具体的な議論や意見交換はできるし、議員の資質向上に役立てられるという考えに変わりはない」と語ったと新聞各紙に載っていた。

厳しい判決を予想して直前に返還したのだろうが、「盗人たけだけしい」とはまさにこのようなことである。同区議会の政務調査費の報告書には領収書の添付義務があるので飲食に使ったことが暴露されているが、領収書なしの報告書で済ませている他の圧倒的多数の地方議会の同調査費の使途の乱脈さは容易に想像がつくというものである。

なお、自民党区議団は「誤解を招きかねない」として区に返還したというが、すでに当該年度の決算も終わっているから戻入で処理するわけにもいかず、さりとて寄付金として扱うと自民党区議団と区は、もろに公職選挙法違反に問われる。そこで歳入の諸収入で処理したという。債権・債務のない事実上の寄付金の処理はそれでよかったのかどうか、疑問の残るところである。

使途の範囲が不透明な交際費

交際費の使途の判決をめぐって時々、新聞の社会面に小さく住民訴訟の記事が載っている。この種の訴訟には監査請求の全置主義がとられているが、いずれの監査請求の場合も請求が退けられている。

首長に都合のよい人物を首長が任命する監査委員に、公平な判断を求めること自体、ない物ねだりに等しいことなのだろう。そのうえ、監査委員がいかなる判断を下しても、監査委員に直接異議を申し立てる制度はないので、監査委員は気楽にしかも次の任期の任命も期待して住民の要求をためらいもなくはねのける。

ここに挙げる例もそれに漏れず監査ではあっさりと棄却されているが、さすがに裁判所は常識にしたがった判決を言い渡している。

事件は、東京の武蔵野市長の交際費に関するもので、〇二年六月二十二日の朝日新聞は次のように報じていた。

――東京地裁の市村陽典裁判長は21日、武蔵野市の市長交際費のうち6万5千円を返還するよう土屋正忠市長らに命じる判決を下した。「職務遂行上必要な支出とは言えない」と判断した。

返還を命じたのは99年11月～00年2月、市の部課長会研修後の懇親会や、寺の住職継承披露、ライブハウス新店主披露で出した「祝い金」など。

市長の名前を音読みすると「ショウチュウ」になる縁で、宮崎県の焼酎メーカーでつくる「焼酎愛飲党」の会合に招かれた際に支出した5千円も返還を命じられた。

一方、市議会会派の忘年会で支出した1万円は適法とされた。(以下省略)――

思わず笑い出しそうになるものにまで「職務遂行上必要な支出」と強弁しているようである。この市長氏は初立候補の際には職員の退職金が高すぎると主張し、公務員に対するねたみ感情にうまく乗って当選を果たした人物である。「自身の飲み代は自分で出せ」と、そのうちに納税者のねたみの的になるのではないか、と言いたくなる。ただし、大なり小なりどこの首長も同じようなものではあるが……。

交際費ばらまきの実態暴露

納税者の感覚では市長と議員の非公式な付き合いに交際費を当てるのは納得できないはずである。伊勢原市議会でその実態を細部にわたって新津淳一議員(市政改革派)が暴露して波紋を起こしていた。

議会では「答弁いやいや」することの多い堀江侃市長は、人気取りを意識すると腰は軽くなるのかどこへでも顔を出し、交際費を個人的な付き合いにまでばらまいていた。

飲み会の雑談は原稿なしでもできるので、「平成の会」「市政同志会」「新生会」「清風会」など与党筋の付き合いに軒並み交際費を使って顔を出していた。議員との非公式な懇談がお好きなようで、市議会議員懇談会にも大判振る舞い。他市では余り見かけない支出で、平気で受け取る議会側のおねだり、もらい癖の体質にも問題がある。市長も議員とのなれ合いの飲み会くらいは最高給取りの自身の懐から出すのが普通の感覚である。

政党にも共産を除き満遍なくばらまかれていたが、特に自民党関係との手厚い付き合いが目だっていた。

自治労関係の集まりや職員組合にも交際費を細かくばらまく配慮？　そのうえ、勤務実態のない市職員に対する違法支出も新津氏に暴露されている。労使の関係のなれ合いの象徴か？

市長の私的な交際の範囲の結婚披露宴への支出もあった。新津氏が合法的に入手した資料で「議会報告」に実名入りで書き、本会議で「個人的な交際に公費の支出はすべきではない」と相手側の名前をずらずらっと述べたところ、本会議の散会後に、市長に頼まれた正副議長が、「名前の部分を議事録から削除してほしい」と頼みにきたという。新津氏に拒否され子供のお遣いのように帰って行ったというが、断られたと報告を受けた市長は今度は市長名の公文書で新津氏に抗議の「要請文」を送付した。

新津氏の情報の開示請求に対し、プライバシーの侵害に当たらないと判断して市長自身が決裁した公文書が、そこから先でさらに広く市民に内容を知られるに及び、名前を公表された人から抗議があったのか？　慌てふためいて、へ理屈をつけている。

議員は血税の使途を精査し、疑義があれば納税者に「知らせる義務」を果たさなければならない。新津氏が市長や議会の交際費の使途のすべてを公表したとしても、それは公人として「公益上必要」

との判断による行為で、なんら問題はないのである。

新津氏が次の仕事として市の予算書の中のあちこちにさりげなく計上されている、食糧費の使途を調査すれば、思いがけない私的な飲食の実態が暴露されるかもしれないと、興味津々の納税者もいるはずである。

ところで、この程度のことを今までどの議員もチェックしてこなかったとは不思議である。このようなところが、オール与党体制のなれ合いの弊害である。

第十章　議員バッジと肩書への執着

議長会表彰バッジの魔力

規則や規定で議員バッジの着用を義務付けている議会がある。その中で〇三年の統一地方選挙後の六月、東京千代田区議会が議員活動中の議員バッジ着用を義務付けていた規定を削除することを決めたとニュースになっていた。

「バッジは権威の象徴。やめたほうがいい」と、一部の議員からの提案があって、着用は議員の自主的な判断にゆだねることで決着したというのである。

「へえ、いま頃ねえ」の感がしないでもないが、バッジをつけない議員に強制したり、懲罰の嫌がらせをやった〝前科〟のある青森県の三沢市議会などの多くの議会のお歴々に聞かせたい話である。

市議会議員に当選すると、議会事務局で用意した議員章が渡される。その他、一定の年数を務めると、全国市議会議長会の永年勤続の表彰で表彰状と表彰バッジが交付されることになっている。表彰は十年以上の勤続者が対象となるが、議員としての資質や実績を考慮すると対象者がいなくなるのは議長会の事務局もわかっているのか？　選別することなく交付の事務が進められている。

表彰バッジは被表彰者の自尊心をくすぐるのを目的としているのか？　厳然とした区別（差別？）がある。かくいう筆者は二十五年までの三種類のバッジを表彰状とともに議長から渡されたが、一度も襟に着けたこともなく机の片隅に放り込んだままになっている。バッジにはめ込まれている宝石状の石は、色のついたガラス玉を加工したものと思っていたが、最近になってそうではないと聞いた。

勤続年数	石の種類
十五年	ルビー
二十年	スピーネル
二十五年	ジルコン
三十年	ゴールデンサファイア
三十五年	エメロード
四十年	アメジスト
四十五年	ガーネット
五十年	ダイヤモンド

このように区別された種類と色の異なる宝石がバッジにはめ込まれているところがミソで、この

バッジを着けていると「ああ、俺も早くあのバッジを着けて胸を張って歩きたいなあ」と当選回数の少ない議員からあこがれの眼で見られる。

かつて東京のある市の古参議員で社会党（当時）の党費未納で除名になって自民党に移った人物が、普通の議員バッジと議長会の表彰バッジの合計十数個を襟と胸に着けて写真に納まっているのを目にしたことがあった。どこの国の軍人も儀礼的な場ではありったけの勲章を佩用するしきたり的なものがあるようだが、議員がそれをまねたにしては異様の一語だった。しかし当人が満足しているのだから、他の人は話をしては笑うだけだった。

引退や落選で議席を失った元議員が、全国議長会の表彰バッジを着けて大手を振って歩いている姿を見かけることがある。きっと肩で風を切って歩き、「センセ、センセ」と持ち上げられていた当時を思い出し、それを生き甲斐にしているのだろう。

議員バッジをありがたがるのは何も議員に限ったことではない。議員に当選すれば全員に議員バッジの交付があるから、芸の細かい人はその議員バッジのレプリカを大量に買い込み、飲み屋で出会った知り合いに配り、感激させて次の選挙につなげる。支持者の家に不幸があった場合はレプリカを襟に着けて弔問に訪れ、最後のお見送りのときには、大勢の参列者の視線を意識しながら、おもむろにバッジを襟から取り外してお棺の中に入れて手を合わせ、涙を拭うまねをして出棺を見送る。こうして残された家族から感謝・感激のあいさつを受ける。

二、三千円のレプリカの効果で次の選挙ではその一族の票がごっそりと見込めることを考えると、選挙の直前にぱくられる危険を犯してまで金品を届けるよりも格段の効果が見込めるものらしい。

退職後も議長名の名刺

議員を辞めたあとでも市外に出かけるときに限り、かつての議長名の名刺を使用することに喜びを感じていた人物がいた。一度怪しまれて武蔵村山市役所に問い合わせがあったという話が電話で応対した職員の口から広がっていた。この種の話で筆者が最も驚いたのは、武蔵村山市議会の議会事務局長の机の上に、「元日本共産党衆議院議員」の肩書がある名刺が目に入ったときである。

「これは何ですか?」

手にとって裏表をひっくり返して眺めながら聞くと、議会事務局長は、

「市内に住むようになったということであいさつに見えたんですが、この肩書はどういう意味ですかねえ」

と首をひねっていた。ずっと古い時代の元衆議院議員のようだが、経歴をわざわざ肩書として使う神経はやはり、センセイ時代が忘れられないということか。

肩書のない名前だけの名刺はどこか間が抜けたような印象を与えるもので、そんなことを意識するのか、衆議院の解散後はただの人になった前議員が、選挙用に衆議院議員の肩書付きの名刺を大量に印刷し、わざわざ秘書を総動員して肩書の上に「前」とボールペンで書き加えて配っていた。

地方議員を長く務めた経歴のある著者は、たまに集会に招かれて話す機会がある。その準備段階で相手側の事務局から、「集会の案内とビラにお名前を入れますが、肩書はどうしましょうか」と問い合わせがある。

「そうですか、今は政治の場から引退して何もやっていませんから肩書なしでどうぞ」

「結構と言われますが、何か今の肩書はございませんか」

「ありません。無職です。強いて言えば年金生活者です」

「困りましたねえ……、じゃあ、元武蔵村山市議会議員と載せたいと思いますので、よろしくお願いします」

「わたしのほうこそ困りますよ。元市議会議員は経歴ですが、現在の肩書ではありませんから……」


と、いつもこの調子で集会の主催者を困惑させている。

肩書をつけなければうさん臭く思われるのか、それとも、肩書のない人物を講師に呼ぶことにためらいでもあるのだろうか？

バッジの着用強制で自縄自縛

青森県三沢市は米軍基地があることで知られているが、市民派議員にネクタイや議員バッジの着用を強制する「議員服装規則」をつくって当の議員の激しい抵抗に遭い、その騒動の新聞・テレビの報道で一気に市の知名度が上がったまちである。

話題の主の伊藤祐希議員（無所属）は疲れたのか？　ばかばかしくなったのか？　一期で議員を辞めてしまったが、その少しあとに三沢市議会がくだんの「議員服装規定」を廃止し、しかもその廃止理由がくだらないものと笑われている。以下、いじめられた挙げ句にこの世界から去った、伊藤祐希氏が発行する「北斗新報」から引用する後日談である。

昨年六月に三沢市議会はネクタイ・議員バッジ着用を義務付けた「議員服装規定」の廃止を決めて、また話題になった。当時、ぼくも各紙の取材に応じ、感想を述べたが、改めてこの問題に触れたい。

本来つくっちゃいけない「規則」がなくなったのだから悪いことではないだろう。問題はなぜ、この時期に廃止したかだ。つくったことを反省し、心を入れかえて廃止したなら納得できる。

しかし、どうやらそうではないようだ。要するに「問題の伊藤がいなくなったので規則の必要がなくなった」というのが主な理由にようだ。結局、「伊藤排除のための時限立法」でしかなかったことを自ら証明したわけだ。

それもぼくが議会から去って間もなく「廃止」の動きもあったようだが、「それではあまりにも露骨すぎる」という声もあり、一年余の冷却期間をおくという細工までしての「廃止」だった。こんな様子ではまた同じような議員が出てくれば恥じも外聞もなく「服装規則」を復活させるかもしれない。

議員の中には「あんな騒ぎになるとは思わなかった。あとになってなんとバカな規則をつくったものだと反省したが、こっちにも意地があったからな」とホンネをもらす人もいるのだが……。

この廃止の理由の中には「表彰記念バッジをつけるため」という付録もついていた。笑い話ではすまされない議員センセイの心理が隠されているので少し説明しよう。

三沢の「服装規則」にはネクタイだけでなく議員バッジの着用も義務づけられた。バッジは一

般的に二種類あって、正規のバッジと全国議長会から永年勤続で表彰された記念品でもらう「表彰バッジ」がある。（中略）

見る人が見ると「あの議員は何十年勤続だ」とわかるんだそうで、長老議員になるほどこの「表彰バッジ」をつけたいらしいのだ。

それが、「規則」では正規の「バッジ」を着けることに決めたので、表彰バッジを着けることは規則違反になるわけだ。ふだんこの表彰バッジを常用している議員にとっては議会出席のたびに正規のバッジとつけ換えねばならず、やっかいで不満のタネだったという。

つまり一部の長老議員にとってはネクタイよりもこの表彰バッジを着けられるかどうかがマジに大きな問題だったらしい。これらの声を尊重することが「服装規定」の廃止につながった真の理由だと解説する議員もいる。だからこそ「規則」は廃止したものの紳士協定ともいえる議会の「申し合わせ事項」に次の一項を改正し、「表彰バッジも可」との道を開いたのだ。「議員は本会議・委員会に出席するときは議員章あるいは議会記念章をはい用すること」。

それこそどうでもいい話だと思うが、世の中にはこのようにバッジとか勲章にこだわる人もいる。ぼくはまったく無関心で、着けるのもいやだったので、当選直後に貸与されるバッジの受け取りを拒否したが、これも個々人の価値観の問題で、着けたい人が着ければいいだけのことで、着けることを義務づけ、「規則」で強制するからおかしなことになる。

（「北斗新報」八九五号　二〇〇二年一〇月一三日）

第十一章　議員の質の見分け方

一般質問の質を見る

一般質問は「議会だより」に載るので、地域の票を意識して道路工事の進捗状況を聞くだけの議員がいる。完成時には地元の集まりなどで「わたしが地域の声を取り上げて一生懸命に追求しましたから」と説明し、「『議会だより』の○○号にその内容が載っています」とあいさつしておけば、「やつも力がついたんだなあ」と思わせる効果がある。

工事の進捗状況などは担当の係長のところで聞けば誰にでも丁寧に教えてくれるが、それをやろうとせずに本会議で取り上げることで権威づけをし、次回の選挙につなげようとする子供だましの手口だが、「議員は地域の利益代表」程度にしか認識していない支持者にはそれなりの効果がある。

あらかじめ次年度の工事計画を聞き、担当部長に、「来年度に予算化を考えているとは言わず、俺の質問に答える形で『前向きに検討します』と言ってくれ」と打ち合わせたあと、おもむろに一般質問で取り上げる議員もいる。このような議員は、選挙の票が見込めない、例えば新住民の多い地域の要求にはいろいろな理屈をつけて反対する。

職員が質問原稿を書く

議員の多くは次回の定例議会で何を質問するか悩んでいる。その心理を知り尽くしている悪賢い幹部職員は、狙い定めた議員の控室の扉をトントンとたたき、

「いつもお世話になっています。定例会も近くなりましたが、わたしのほうで何かお手伝いできることがありましたら何でもご指示ください」

とご用聞きに回る。

「ああそうか、せっかくだから俺の質問原稿を書いてくれ」

「はいわかりました。で、ご質問のテーマは」

「何でもいいから適当に見つくろって用意してくれ」

「かしこまりました」

当の幹部職員は議会事務局から入手した質問通告書の用紙に規定の文字数にまとめ、質問通告の締め切りが近づいた頃、議員の控室に持参する。

議員はその原稿を本会議で読み上げると、市長は当の職員が用意した答弁書を読み上げる。答弁の中身は質問した議員の実績になるように気を使ってあるから、地元から傍聴に来ていた支持者は、

「さすがに新人の頃とは違ってオラホ（俺たちの地域）の議員も貫禄がついていい質問をするねえ」

と、満足して帰って行く。

職員にとってはこのような気配りが大きな貸しになり、何かのときに見返りになる。要するに八百長は日常茶飯のように行なわれているのである。だからといって、地方議会全体をバカにしてはいけない。国会にもこの手の議員がいると聞いたことがある。

折り目のない議案書

定例議会の議案は他の資料と一緒に分厚くとじられているのに、初日の本会議の机の上で目を通しながら掌で強く押さえて折り目をつけている議員は、おおむね議案の検討もしていない。提案説明を聞きながら頁を開いては折り目をつけている議員も同様である。

自治体の条例、規則、要綱等をとじた例規類集というのがある。広辞苑級の分厚さで二冊くらいにまとめられているからかなりの分量だが、普段から勉強している議員の物には横に手垢がついて黒くなっているので、あらかじめ勉強しているかいないかは歴然としている。

なお、条例の改正案が日程に上がるのに例規類集が机の上にない議員は失格である。

議案の質疑ができない

首長提案の議案はたくさん出てくるが、それらの議案の問題点を調査・検討するとなると机に向かっての相当な勉強が必要となる。したがって、ほとんどの議員は質疑をしない。というより質疑ができない。特に我が国の国民性は、自治会の総会でも提案された議案に質問や反対をすると、「よかれと思ってやっているのに……」と異端視されて嫌われる。議会も自治会の延長と思っている議員は多く、何でも黙って賛成することが美徳と思っているので、質疑する議員を「とんでもねえやつめ」と陰で批判する。

「議会だより」には一般質問と代表質問くらいしか掲載されない。本来なら提出された議案（予算、決算、条例）などの内容に対する質疑は重要でかつおもしろいものだが、そのほとんどが「議会だより」に載らない。それらを載せようと主張すると、必ず反対があるのは前述したような事情があるからである。

職員より偉いと錯覚

保守系の議員同士で互いに「〇〇センセ」と呼び合っているのをよく目にする。「センセイ」と呼ばずに「さん付け」で話しかけても返事をしない人もいる。芸能人同士でも先輩を「センセイ」と呼ぶから、どの分野でも当たり前なのかな？　と思われるが、議員の場合は一年生議員でも「センセイ」と呼ばれると嬉しくて舞い上がっている。本会議場はじゅうたんが敷きつめられ、議席が段々状になって答弁者を見下ろす形になっている。巷ではさまざまな職業に就いている人が一たび議席に腰を下ろしてみると、世の中でもっとも偉くなったと錯覚するようで、「その答弁は何だ。議員に向かって無礼だ」と怒鳴ったりする。中には意に沿わない答弁をした部長職に向かって「部長の分際で何だその答弁は」と、傍聴者を意識して胸を張り、勝ち誇ったように行政の事務の些細なことで怒鳴りまくる議員もいる。

どの役所の幹部も議員の心理は心得ているので、「センセイご指摘の点は全くその通りでございまして、弁解のしようもありません。今後は十分に気をつけてまいりたいと思いますので、今後ともご指導よろしくお願いします。ありがとうございました」と、わざとバカっ丁寧に深々と頭を下げる。大抵はこれで難癖質問は終わりになる。

信教の自由に挑戦

東京のある市議会に反創価学会の急先鋒と言われていた議員がいた。創価学会嫌いは一向に構わないのだが、「市役所の職員に創価学会員が多すぎる」「○○部の部長職にあるものは創価学会員だ。市民生活が脅かされる恐れがある」などとやっていた。本人発のレポートにも載っていた。

誰にも保障されている信仰の自由が公務員には認められていないような主張である。職員の採用に問題があると思っていたところで、採用の条件として信教を問われるわけではないし、支持政党を聞かれるわけではない。仮にそんな採用試験があったとしたら大問題になる。庁内の異動でも職員の信教で所属先を考慮していたら適格な職員は一人もいなくなるのはわかり切ったことなのである。

自分の言葉が無い

請願の紹介議員の依頼があっても自分で判断できない議員は「会派に聞いてみます」と言う。会派が反対すると、「わたしは賛成ですが、会派が反対と言うので……」と会派のせいにして断る。

公務で出かけるときは議会事務局の職員があいさつの原稿を渡す。この過保護のために、いつまで経っても自分の言葉であいさつができない。来賓のあいさつが続く中で、ただ一人おもむろにふところから原稿を取り出して短いあいさつをすると失笑が聞こえるが、そんなことを気にするようなヤワでは「長」とつく役職にはつけないのである。

困るのは、たまに議会を代表する立場を与えられてあいさつする機会があると、自分の言葉でやろうとするあまり立場を忘れ、「我が党が……」とやってひんしゅくを買う。野党系の議員にこのタイプが多い。

第十二章　新党ブームの無惨な結末

暴走市長に保革共闘の対決

二〇〇二年五月の武蔵村山市の出来事である。「議会制民主主義の危機」を争点とした自民、公明、共産の極めて珍しい共闘で独断専行の市長を追放した〝政変〟があった。

その八年前、「さきがけ・日本新党」（当時）の政審の書記として使い走りしていた二十七歳の無名の志々田浩太郎氏が、日本新党（当時）のブームに乗り、公明党の丸抱えで市長に当選し「全国最年少市長」とマスコミの注目を集めたが、就任直後から、かたくなな性格が災いして幹部職員の意見に全く耳を傾けないばかりでなく、正論を口にする職員は左遷するなど、庁内はぎすぎすした雰囲気に覆われていた。それでも、二期目の選挙では民主党の推薦を受けたほか候補者難の自民党の推薦を取り付け盤石な体制を築いたかにみえたが、増長したのか本性が現れたのか、独断専行で庁内の組織機構と市議会を無視して暴走を始め、たびたび繰り返す常識外の言動から、早々に公明党、新政会（隠れ自民）の与党離れを招き、市議会の四分の三を超える圧倒的多数の「辞職勧告決議」を可決されるありさまだった。

志々田氏は失点を回復しようと焦ったのか、突然、六百床もの総合病院（医療法人徳洲会）を学校跡地に誘致する協定を締結したのが直接の命取りにつながっていくのである。

徳洲会側との秘密裏の交渉が表に出そうになって議会側への説明はしたが、十分な論議もないままに相手側と土地の貸借契約したのが、「手続き無視」と議会側の反発を買うことになった。行政と協力関係にある医師会にはほとんど事後承諾を求めるという乱暴な進め方に、医師会も猛然と反発した。

軌道交通のない医療過疎地の武蔵村山市民にとって総合病院の誘致は悲願ともいえるもので、早くから市の基本計画でもその方針が決まっていたが、病院進出の話が出るたびに、既得権益を守ろうと必死の医師会は、「市内のベッド数は充足している」と、ことごとくつぶしに回っていた。当然、この時も医師会は議会の説得工作に当たった。

これに引っ張られたのが、いったんは病院誘致に賛成した最大会派の与党の新政会（隠れ自民）だった。一気に野党に転じ、少し前から市長に対する不信感から野党色を強めていた公明党と共に野党の共産党と協力して市長と対決する道に踏み出したのである。

市民の悲願であるにもかかわらず、総合病院の誘致問題は完全に政争の具と化し、議会では当の病院の善しあしの論議はほとんどなされず、議会は共産党が主導して市長の手続きの不当性を追及する場と化していた。

歴代の市長は医師会の顔色をうかがうあまり、病院誘致の姿勢すら示さなかったから、その日和見的な態度と比較すると、方向性を出した志々田氏の姿勢は正しいとしても、手続きが余りにも稚拙で強引に過ぎたのが命取りになる。

反徳洲会病院で結束した市議会の多数派（自、公、共）に呼応したのが市民運動の一部だった。志々田氏の最初の選挙で協力したと言われていたが、何かで裏切られたのか？　すぐに志々田憎しで凝り固まったニュースを発行していた。そしてここで、坊主憎けりゃ袈裟まで憎しとばかりに、市民運動としては禁じ手を使い、医療業界の既得権益を守る姿勢を鮮明にして、医師会と発行したビラに名を連ねて「市内には急性期の病院は要らない」と主張し、堂々と総合病院不要論を展開していったのである。

一方、市民運動の「安心医療の会」は病院誘致の市長の手法には疑問ありとしながらも、総合病院の誘致は必要とビラで訴えるなど、世論も真っ二つに分裂し、病院問題は完全に〝政局〟になっていった。

問答無用で突っ走る市長と議会との対立の糸はからまったまま、市長は議会が否決した病院誘致関連の予算を、部長職全員の意見を無視して違法な流用で執行する前代未聞の常軌を逸した行動に出たのである。議会側は当然、〇二年度の当初予算を否決して五月執行の市長選挙になだれ込んでいくことになった。

野党時代を含め当初予算に反対したことのない新政会の議員が反対討論に立ち、「あえて予算案の否決に至るのは、議会制民主主義を逸脱している市長への不信感である」と具体的な事例を上げて批判した。他の会派も口を揃えて議会制民主主義の危機を訴え、予算の反対討論で志々田市政を痛撃した。ビラなどでも数字を上げ、志々田氏の主張する「健全財政」の欺まん性を批判する戦術も目につくようになっていた。

〇二年五月十二日告示の市長選挙に向け、新政会と公明党が野党の共産党議員団と統一候補擁立に向けて協議を続け、志々田氏の助役を一期務めたあとポイ捨てにされた荒井三男氏（現市長）を担ぎ出すことになった。荒井氏は市の職員上がりで、善くもわるくも行政を知っているだけに担ぎやすかったのだろう。

こうして荒井陣営は「混迷市政の転換」と、医師会案に基づく病院誘致の対案を掲げ、「議会と対立し職員の心も離れている」「議会制民主主義が崩壊する」と手厳しく批判して前哨戦を繰り広げていた。

攻撃側の議員の身勝手さも露呈

公明党が与党離れを明らかにした頃、同党の長井孝雄議員がビラで、「志々田の実績は箱ものばかり」と批判していたが、同市の公明党が公共事業の箱ものに反対した事例は一度もない。逆に市議会が財政危機を理由に圧倒的多数で総合体育館の建設凍結を求める決議を可決したときには、民主系会派などの数人と共に反対に回っていたのだから、市長は、箱ものでの批判は理解に苦しむ言いがかりと受けとめたことだろう。

共産党はやはり、議員団のビラで「志々田氏、借金の山築き燃えつきた。公共事業の借金と維持費で財政はパンク」との見出しで、志々田氏が手をつけた大型公共事業の主な四つを上げ、その借金総額だけで百二十六億円になると批判していた。しかし、そのうちの温泉開発はもともと共産党の議員団長が志々田氏に要求して主導したものである。

武蔵村山市は三多摩地区の市の中では市民の担税力は最低であるにもかかわらず、財政難を考えずに大きな公共事業推進の片棒を担いだり要求してきた事実経過を棚に上げ、素知らぬ顔をして行政を批判する政党の身勝手さも批判されなければならないが、公共事業に対する批判が多くなっている時期だけに、このような的外れで無責任な宣伝でも案外すんなりと有権者に受け入れられていったのである。

志々田氏が当選を果たした最初の選挙では日本新党と公明党の推薦を受けていたが、二期目では自民、公明、民主の推薦を受けた志々田氏は、「一期目の実績が評価されたもの」と胸を張ったが、自民党は適当な候補者もなく、いずこも同じ「与党でなければ夜も日も明けない」体質からの推薦であることは誰でも知っていた。その二期目の半ばで与党の公明党を失っていた。自民党と同じく、国政に至るまで常に与党でいなければ存在意義がないかのような公明党を野党に追いやったのは、志々田氏の背信行為があったと言われている。

前回選挙で推薦を受けた自民、公明の両党から見捨てられた志々田氏は、ここで無党派候補を装って選挙に臨む道を選択せざるを得なかったのである。この時点で市長擁護派の議員は三人、反市長派は十六人という色分けだった。

長い前哨戦を経て五月十二日に二人の候補者による熱戦の火ぶたが切って落とされた。

「議会制民主主義」と「総合病院誘致問題」が争点となると思われた選挙戦だったが、現実にはそうはならないのだから、政治の世界はまさに一寸先は闇である。

総合病院誘致は市の基本計画にあることだし、市民要望のトップにある。志々田氏はこれを争点に戦えば勝てると踏んだのだろう。現職の知名度と三十五歳の若さで志々田氏が有利とみる見方と、同氏を見限って野党に転じた新政会、公明党の議員団が共産党議員団と共闘すれば、公明と共産の組織力が発揮されるのはわかりきっている。まして市議会の定数二十一議席（実数十九議席）中に五議席を占める公明党は、東京の三多摩地区では最高の議席率である。衆目のみるところ大激戦になると思われたのだが……。

選挙序盤で暴露された公選法違反

三選に自信満々だった志々田浩太郎氏は、告示の日に市役所前で第一声を上げ、選対幹部からは石原慎太郎東京都知事の激励の電報が披露された。

「志々田市長が三選を果たし、武蔵村山市の行政改革の火が尽きることなく、地方行政の範となるよう願っています」

約三百人の支持者から一斉に拍手が沸き上がったという。しかし、これが陣営の手によって勝手に作成された虚偽の電報だったことをただちに朝日新聞にすっぱ抜かれ、志々田陣営を弁解一方の奈落の底に突き落とす苦戦の幕開けとなったのである。

朝日新聞が五月十五日の社会面と多摩版で、「石原氏の名、了解得ず使用」と、石原都知事側が

「推薦はしていないし、激励電報を打った事実がない」と抗議したことを暴露した。さらに志々田候補が選挙公報と八千枚出せる選挙葉書に、推薦人として載せた石原都知事や多摩地区の市長九人を含む十二人のうち、推薦していることを認めたのは一人だけで、後は取材に対し、「事後了解した」「ノーコメント」「正式な手続きがあったわけではないが、……事を荒立てるつもりはない」「本来なら電話の一本も入れるべきだろう」などなど、ほとんどの市長が自身の名前の無断使用を示唆している談話を載せた。

鈴木俊一・元東京都知事は元秘書を通じての談話で、「選挙応援を求められたが、断った。頑張ってくださいと言ったが、こういう形で使われるとは知らなかった」と言っている。他人の名前の無断使用なら公職選挙法第二三五条の「虚偽事項の公表罪」に当たるので、他の新聞も一斉に後追いし、騒ぎは一挙に大きくなっていった。

翌十六日の産経新聞は、「知事特別秘書『法的措置も』」とショッキングな見出しで「武蔵村山市長選の名前無断使用」の見出しで次のように報じた。

――「形式ばった推薦書ではなく口頭で了承を得ている」。武蔵村山市長選で現職の志々田浩太郎氏の陣営が、選挙公報などに都知事らの名前を無断使用していた問題について、同陣営はこう説明する。しかし、名前を使われた側は「通常は正式な手続きを踏むもので常識では考えられない」と困惑顔。十九日の投開票を前に、対立陣営が刑事告発を検討するなど波紋を広げている。

都知事特別秘書は「推薦もしていないし激励電報も打っていない。正式な推薦要請の手続きもなく、考えられない。選挙後、法的手段も検討する」としている。

これに対し、同陣営の朝倉長二選対事務局長は「十三日夜にも志々田が知事に電話で『しっかりやれ』と言われており、推薦をもらったものと認識している」。

激励電報について朝倉事務局長は当初、「司会者が都議会議長のものを誤って読み上げた」と釈明。

しかし、都議会議長も電報を送った事実がないことが判明。これについて朝倉事務局長は「議長から『応援するから』と言われたので、その意を酌んでこちらで作成した」と話した。

対立候補の元市助役、荒井三男陣営は十五日、対応を検討。「明らかな選挙違反」とし、十六日に選対幹部名で志々田氏本人を刑事告発することを決めた。

一方、志々田陣営も十五日、問題を報じた一部報道機関に「選挙妨害だ」と抗議し、法的措置も辞さない構えだ。――

「虚偽事項の公表罪」で告発

同日の読売新聞の多摩版も、「武蔵村山市志々田陣営・石原知事の電報は「誤り」「議長の電報釈明のウソ　事務所で作成」と、五段を使った大きな見出しで、選挙公報に名前が使われた都議会議長が「推薦人」の削除を求めたと、志々田陣営の苦し紛れの言い訳とともに経過を報じ、対立する荒井陣営の選対本部役員を務める六人の市議が東大和警察署に刑事告発するとして告発状の内容を載せた。

独断専行の市政運営に批判が集中していた志々田氏が、無断で多数の公人の名前を選挙に利用したことが暴露され、まさに自身の手で「独断」の発想と体質を証明したとあっては、もはや、しゃれにもならない。投・開票日まで連日、市長選挙を報じる新聞記事の最後には必ず、小見出しの「推薦人の名前の無断使用」問題が載り、いやがうえにも有権者に志々田氏の疑惑として浸透していく効果があったのである。

新聞記事の常として志々田氏側の釈明が同時に載っていても、多くの有権者は前哨戦を通じて、志々田氏が市議会から、「反省を求める決議」や「問責決議」を受け、果ては「辞職勧告決議」を突きつけられた極めて異常な、まさに「常軌を逸した」人間性を知っているだけに、この問題も「志々田市長ならやりかねないことだ。事実だろう」と思い込んだとしても一向に不思議ではなかった。

毎日新聞などは、「今回の市長選挙は、病院誘致問題をきっかけに、事実上、『市長対市議会』の構図となり、……」と記事にしたように、選挙時は市議会議員（欠員二名）十九名の中の十六名が対立候補の陣営につき、応援団の数では現職の劣勢は覆うべくもないのを有権者は知っている。

四年前に志々田氏を推薦した自民党、公明党の議員団はそのとき戦った共産党議員団と異例の共闘体制を組み、対立候補の当選のために活発に動いていた。人口密集地を選んだ初日の第一声には北多摩一区選出の自民、公明、共産の都議会議員が同じ選挙カーでマイクを持って応援演説。これだけでも有権者には、現職が与党を失ったのはよほどのことがあったのだろうと思わせる効果がある。

明日が投・開票と報じる新聞各紙の記事の最後には一斉に、荒井陣営の市議会議員六名が志々田氏を東大和警察署に告発し、受理されたと掲載した。

告発状は、志々田氏が推薦を受けていない三田敏哉都議会議長の名前を選挙公報に掲載したというもので、三田議長の陳述書が添付されていたという。もちろん、「違法なことは一切していない」と、いつもながらの志々田氏の根拠も示さない強気の談話も載っているが、読者は「告発が受理された」事実の重みを重視する。

こうして選挙戦の争点は候補者の資質に絞られて投票日になだれ込んでいったのである。

我が国の国民性なのか？ 他の人物の資質に対する批判はかえって嫌みと受け取られるが、この選挙では志々田陣営が自ら相手側に乗じられる資質を丸出しにし、それを連日新聞に書かれるという失態を演じたのである。荒井陣営にとっては「棚からぼた餅」「ぬれ手でアワ」の〝援軍〟だったに違いない。

どの政治家にも熱烈な支持者はいるものだが、志々田氏は耳に痛い忠告をする職員や支持者はけんか別れ同然に遠ざけていた。こうして志々田氏の周囲には顔色をうかがうものばかりで不利な情報を耳に入れるものはいなくなっていたという。

けんか別れした支持者は必ず相手側につき、票差は二票ずつ広がっていくことに志々田氏は最後まで気がつかなかったのだろう。しかも不利な情報は入らないのだから、三選に自信満々でいられたようだが、庁内では「裸の王様」と言われていたのである。

地方自治法の解釈を自分の都合で勝手にねじ曲げ、与党から野党に転じた公明党の議員の質問にはまともに答えずに市長席からヤジを飛ばしてけんかを売り、行政と議会とのあるべき姿を破壊し尽くしていけば、有権者の選択の目に耐えられるはずはなかったのである。さらに、行く先々で幹部職員と市議会の批判ばかり口にしていたのだから、ほとんどの職員の口から志々田氏の「常軌を逸した言動」とまで議会側に決めつけられた異常な事実がちまたに流れて浸透していったのである。

全国の数ある自治体の首長がどれほどの資質か知る由もないが、少なくとも法令を遵守し、職員との意思疎通を計り、車の両輪である議会の役割を正しく認識して行財政運営に努めるのが最低条件であるはずだが、志々田氏にはそのすべてが欠けていた。そのうえ、どういう育てられ方をしたのか、お若いのに異なる意見にも耳を傾けるという民主主義の基本も身につけていなかったことが決定的だった。政策以前の資質を問われて敗北したのは当然で、前回選挙との得票差は約三五％減の惨敗だった。

一方、医師会の総合病院誘致反対の運動に加わり、医療業界の既得権益を守る立場で総合病院不要論を展開していた市民運動の代表は、市長選挙と同時に行なわれた市議の補欠選挙（二議席）に医師会側に「我がほうの候補」と言われて立候補したが、最下位であえなく落選した。翌年の通常の市議会議員選挙にも挑戦したが、ここでも及ばなかった。有権者は志々田氏の市政運営にはノーの意思表示をしたものの、市民の悲願である総合病院では不要論を唱えた経緯を忘れていなかったのだろう。

総合病院誘致派の「安心医療の会」の代表は同じ市議会議員選挙に立候補し、広範な無党派層の支持を集め、前記の候補者にダブルスコアの大差をつけて当選を果たして明暗を別けた。

「予算の流用は違法」と賠償命令

市長の椅子から転落した志々田氏に向けられた追い打ちの第一弾は、予算の違法流用に対する賠償命令だった。議会で総合病院関連予算が否決されたのを無視し、志々田氏が徳洲会病院誘致のために予算を流用して予定地を更地にした事件が厳しく問われたものである。

市長部局の部長職全員が連名の文書（別掲）で、「法律上の疑義について」地方自治法違反の恐れを指摘して進言しているのに、これを敵意を持って退け、議会側の意見にも耳を貸さず、担当者に市長命令の文書で支出の事務を強要してまで違法流用を強行した行為が法廷で「違法」と断定されたのである。

この違法行為のあと、市議会の新政会、公明党、共産党、みどりの会の十四人の議員が監査請求から住民訴訟に持ち込んでいたが、志々田氏が市長職を失ったあとの同年八月三十日、東京地方裁判所は違法支出を認定し志々田氏に原告の請求額全額の千三百四十四万円の返還を言い渡したのである。

訴えの要旨は、「議会の予算案否決を無視して流用で事業を強行したのは違法」というものだったが、被告の志々田氏は持ち前の開き直りなのか？　口頭弁論の当日は出頭せず、答弁書も提出しなかったために、訴えの内容を認めていると判断され、あとは地方自治法の解釈がどのようになされるかが注目されるだけだった。

そして言い渡された判決文では、「被告（志々田浩太郎）は、適式の呼び出しを受けながら、本件口頭弁論期日に出頭しないし、答弁書その他の準備書面も提出しないから、請求原因事実を争うことを明らかにしないものと認め、これも自白したものとみなす」と認定され、「市長は予算を執行する際に議会の議決を尊重しなければならず、議会が否決した費途に充てるための予算の流用は違法な財務会計行為である」と断じ、請求額の全額を市に支払うよう志々田氏に命じたのである。これは議会が否決した事業に充てた違法流用に関する全国初の確定判決となった。

別の数件の失態で議会で「辞職勧告決議」を可決された時には、庁議で幹部職員が口を揃えて「辞職勧告決議は再議になじまない」と反対するのを無視して再議に付し、その挙げ句、再決議を受けたあと、職権乱用と「問責決議」を受けた。それで反省するのが普通だが、志々田氏はさらに意地になったのか、ただちに都知事に対し、「本件議決は議会の権限を超えるものであるとして、当該議決を取り消す旨の裁定を求める」不服審査申し立てを行なったのである。

勝ち目がないと東京都側から示唆され、申し立てを取り下げて陳謝するなど、やることなすこと文字通りの支離滅裂。むちゃくちゃな言動の連続だった。

公文書公開条例で公開すべきものとなっている、市長交際費や食糧費の公開を「市長権限で拒否できる」などと口にして議会からお灸を据えられるなど、何事も自分勝手な法解釈で暴走していたのをみると、あるいはこの人物は心底から、「自分には万能の権限が与えられている」と思い込んでいたとしか考えらず、遵法精神が要求されるあらゆる公職につくだけの素養が備わっていなかったのだろう。

「総合病院の誘致を願う市民のため」との大義を掲げたとしても、一医療法人の徳洲会のために違法行為のリスクを犯してまで突っ走らなければならない、よほどの事情があったのだろうか？

住民訴訟を提起されながら、なぜか一審で争わなかった志々田氏は、この判決を受けても期限内に控訴せずに判決は確定した。

この判決の確定により、全国の自治体の関係部署や議会図書室に備え付けられている『地方自治法実例・判例集』や『地方自治法逐条解説』の改訂時に、この判決は判例として追加記載され、議員や公務員、法律家の目にほぼ永久的に触れ、不名誉な形で武蔵村山市の知名度を上げることになるのだろう。

公選法違反容疑で逮捕・家宅捜索

志々田氏に向けられた追い打ちの第二弾は、より強烈な公職選挙法違反（虚偽事項の公表罪）容疑での逮捕と家宅捜索だった。

多くの市民は志々田氏が市長選挙中に相手陣営の幹部から告発された事実を新聞で知っていたが、選挙後も半年、何事も起こらないのをみて、「落選した人物は立件しないのか」との見方が広がっていたが、事件が忘れ去られようとしていた同年十一月十一日午後、志々田氏が警視庁の捜査二課と東大和警察署に逮捕され、自宅など数カ所が家宅捜索されたとの一報が報道関係から市役所に入り、職員を驚かせた。同じ頃、テレビのテロップにも流れ、全国の多くの人々の知るところとなったのである。

逮捕の翌日、新聞六紙が一斉にこの事実を報じた。

毎日新聞は、「九月までは任意の聴取に応じていたが、先月頃から聴取の呼び出しに応じず、同課は強制捜査に踏み切った。同課などの任意の調べに、選対幹部は『（推薦人掲載を）指示したのは志々田（容疑者）』と供述。だが志々田容疑者は『選対幹部がやったが、責任は取る』『推薦を受けたと思っていた』などと供述していたという」

読売新聞は、「推薦の承諾がないのに、三田敏哉都議会議長を推薦人とした志々田容疑者の選挙公報は、市長選告示日の五月十二日に受け付けられ、新聞折り込みなどで約二万二千枚を配布された。自民党籍を持つ三田議長は、当時新人だった荒井三男市長を自民党市議らが応援していたこともあり、告示後、志々田氏から了承を求められると削除を要求、荒井氏の選対本部が告発した際、陳述書を提出していた。志々田陣営は告示日の出陣式で、石原知事からとした虚偽の激励電報を読み上げてもいる」と報じた。

選挙で推薦を受ける場合は、政策や経歴を記載した資料を同封し、推薦要請書によってお願いし、文書で諾否の回答をもらうのが通常の方法であるが、志々田氏は文書で確認もせずに「推薦をもらったと思っている」と強弁していたという。名前を勝手に使われたほうが陳述書を出しているのに、物証もなく反論しても逃げられるわけはない。選挙公報に名前が載った公職者十二人のうち、一人を除き他は勝手に使われたことを示唆しているのだから、捜査当局が話を聞けば、すべてを話したはずである。

任意の事情聴取は出頭を拒否できるし、逮捕・起訴されても黙秘権は保障されているが、捜査当局は出頭拒否を放置しておいては証拠隠滅の恐れもあるとの判断で強制捜査に踏み切ったのだろう。

志々田氏は、議会の答弁では都合の悪いことは同じ答弁を嫌になるほど繰り返していたが、警察や検察の取調室ではまさかその手は使えないし、取り調べに対して黙秘ならともかく、相手を説得できる根拠のない、志々田流の結論だけの言い訳を口にすれば、泥沼にはまるだけである。

逮捕の翌日の共同通信は警視庁筋の情報として次の記事を配信した。

「捜査二課などは志々田が当初から市長選挙を有利に進めるため、虚偽の記載をしたとみている。志々田容疑者は『都議会議長と石原知事からは告示後の第一声を行なった際、激励電報を受けた』と容疑を否認しているが、捜査二課が調べたところ、電報が送られた事実がなかったという。名前を使われた（近隣の）市長の多くは、推薦を承諾した覚えがないと言っている」

本人は容疑を否認していたようだが、最終的に取り調べに屈伏し、逮捕の十九日後、身柄を拘束されたまま略式起訴で刑が確定したのである。

翌十一月三十日の新聞各紙は、「八王子区検は二十九日、前武蔵村山市長の志々田浩太郎容疑者を公選法違反容疑で略式起訴した。八王子簡裁は同日、罰金三十万円と公民権停止四年の略式命令を出した。前市長は、罰金を仮納付し、釈放された」と報じた。

事情聴取を拒否して逮捕されたのだから、拘置が長期間にわたっても戦うのかと思っていたが、権力に屈伏して略式起訴でケリをつけるのなら、十九日間も拘留されることもなく、こんなところにも首尾一貫しているとは言い難いこの人物の資質が露呈している。

新市長就任後の市報に載っていた志々田氏の退任あいさつには、「市政の動向を注視しつつ、『政治は語るものではなく実現するもの』をモットーに、これからも政治活動を続けていく所存です……」と、次回を期すかのような記述があったが、有権者は、時のムードに乗っただけの選挙に今後はより慎重になるだろうし、この判決で復活の道は完全に閉ざされたとみていいのだろう。

志々田氏の失脚までの市議会の議事録や庁内の部課長会議、庁議などの会議録を併読すると、議会側から「常軌を逸している」とまで厳しく問責された、一人の舞い上がった青年による、地方政治史に残した汚点の数々が手に取るように分かり、さながら一遍の読物を読むようである。これこそ「事実は小説よりも奇なり」と言うことわざそのものである。

蛇足になるかもしれないが……。

筆者は武蔵村山市議会議員を七期二十八年間にわたって務め、引退前の五年間の行政チェックの相手はここに上げた志々田浩太郎氏の市政運営で、事実上のオール与党態勢の中でただ一人、早くから志々田氏の資質と手腕を見破り、市民には志々田市政の問題点の具体例を上げ、「武蔵村山市の史上最低・最悪な市長」と警告を発信し続けていた。

志々田氏の二期目の選挙の際には市民運動や共産党筋からの立候補の要請を断り、共産党、新社会党、市民派の推薦による女性の市長候補を擁立し、その確認団体の代表として病身にむち打って前面に出て戦ったが、選挙戦は自、公、民が支える志々田氏に敗北して独断専行の志々田市政の二期目を許してしまったのは今でも残念に思っている。

市民派と共産党との議会外の共闘は初めての経験だった。これは一時期、与党入りするのではないかと噂されるほど志々田氏に接近していた共産党議員団が、やっと志々田氏の劣悪な資質に気づき、市政の転換の重要性を認識したからこそ成立した共闘だった。この共闘は相乗効果を生み、共産党嫌いの多くの無党派層の支持も得て、同市の市長選挙では革新系候補の過去最高の支持をいただき、市民や市の職員から「市民派のふくお効果」と評価された。共産党がどのように総括しているのか承知していないが、恐らく政治の転換を求める際の共闘のあり方として同党にも貴重な教訓を与えたものと確信している。

こうして貴重な実績を残して翌年に引退して地元を離れたあとも、志々田市政の監視を怠らず、〝遠隔操作〟と称する「紙爆弾」を発信し続け、志々田市政打倒のための幅広い共闘を呼びかけてきた経緯がある。

志々田市政の二期目に入ってすぐ、与党の自民、公明もやっと、同氏の公職者にふさわしくない資質に気づいたのは歓迎すべきことと一応の評価はするが、彼らは与党でいたいがために、最悪な志々田氏の市政運営を支えていた反省は必要である。これだけ市政に混乱を持ち込む原因を作った、かつての志々田氏推薦の政党からは、いまだに市民に対する反省の言葉はないのが不満である。

全国に〝痴呆政治〟はあまたあるが、これほどの〝痴呆行政〟はざらにあるものではないと考え、有権者と政党と議員が無関心でいると、こういう〝痴呆行政〟を許すことになるという教訓の意味で、その実例として書き残すことにした。

なお、失職後の志々田氏が、市長就任後に購入した住宅公団の高価な一戸建ての分譲住宅を手放し、妻子とも離別したと伝え聞くと、行為を憎むことはあっても人に対する憎しみを持つことのない筆者としては、何が彼の人生を狂わせたのかと、哀れみの情が沸き上がるのを禁じ得ないのである。

注・志々田氏の在任中の〝ヤミ政治〟の実態は『デスマッチ議員の遺書』（インパクト出版会）に「独断専行で漂流する市政・市長選挙共闘の裏側」として記述。志々田氏が市議会の四分の三を超える議員に「辞職勧告決議」を突きつけられて〝死に体〟に追い込まれていった経緯は『増補新版・地方議会議員生態白書』（インパクト出版会）に「『死に体』となった市長」と詳述した。

資料構成　独断専行市長の暴走の軌跡

予算の（違法）流用を命じた職務命令書

平成十四年一月三十日
病院関連予算関係部課長殿

武蔵村山市長　志々田浩太郎

予算の流用事務の指示について

予算の流用については、地方自治法第二二〇条第二項で「各款の間又は各項の間において相互にこれを流用することはできない」とされているが、目節間の流用については、市長の予算執行権の範囲内のものであり、これを制限する特段の規定はなく、既に議決された予算の範囲内であれば、当然違法でないと解している。

また、もとより予算の目節は、地方自治法施行令第一五〇条第一項のとおり、市長が予算の執行に関する手続きとして定めるものであるから、目節に関する議会の審議内容は市長において流用しうる範囲を制限するものではなく、議会の議決状況いかんにかかわらず、市長が真に必要なものと認めたときは、地方自治法第二二〇条第二項の定める範囲で流用できることに変わりはないと解している。

このような判断に立ち、屋内運動場解体工事及び主要市道第一〇線接続道路整備事業費について、地方自治法第二二〇条第二項に規定する流用を持って対応することとする。

ついては、関連事務を進めるよう指示するので当該流用事務関係部課職員にはその対応を図られたい。

なお、本件に関して何らかの問題が生じた場合の責任は、武蔵村山市長志々田浩太郎が負うので円滑な事務の執行に御留意願いたい。

部長職一同の市長あて（お願い）文書

平成十四年一月三十一日

武蔵村山市長　志々田浩太郎様

部長職一同

予算の流用事務の指示について（お願い）

去る一月二十一日の第二回市議会臨時会に提案された第五号補正については、市長はもとより職員の努力の甲斐なく否決という最悪の結果となってしまいましたことは周知の通りです。

予算の流用については、地方自治法上、目節間の流用は別段の禁止規定がなく、既に議決された予算の範囲内であれば、当然違法でないとの考え方を踏まえ流用事務の指示をされたことは、職員として戸惑いをかくせません。議会で否決された予算を他の手法によって執行するということは、議会との信頼関係を損ねるとともに、所属職員の心労も図り知れぬものがあると考えます。

地方自治法第二一七条第二項に予備費は、議会の否決した費途に充てることができないと規定されており、流用の条文よりも前に規定されていることを踏まえれば、当然、流用も議会の否決した費途に充てることができないと解釈するのが相当であると考えます。

また、予算を定めることが、議会の権限とされていることからして、議会の意思に明白に反するような時には、予備費を充用して使用することができないこととし、もって議会の予算議決権を尊重しようとする趣旨であります。

このことからして、「議会の意思を無視するような予算の流用をすることはできないと解すべきである。」との見解が「地方自治法質疑応答集」でも紹介されています。

したがいまして、市長として、予算の流用で対応するということであるならば、東京都に対し事実関係を踏まえ早急に文書照会を行ない適否について回答を得るようお願いします。

議会が否決した予算の流用の可否について、早急に上級官公庁に対し、意見紹介することを求める意見書

市長は、去る一月二十一日に臨時会を招集し、体育館の解体工事費、土地の不動産鑑定評価委託料及び道路整備事業費の病院対策事業費に係る補正予算を提出したが、議会はこれを否決した。

市長は、目・節を流用し、議会が否決した費途に充てるべく、去る一月三十一日予算流用を決定し、二月一日には業者の指名選定、さらに二月八日には入札、十二日には契約という行為を進めている。しかし、議会が否決した予算を、目・節の流用により執行することには、議会の予算議決権との関係で、法解釈上も疑義があり、また、現に庁内十五名の部長からも疑義があることから、上部機関へ適法であるかどうかの確認をするよう要望が文書により提出されている。

もとより、行政は法のもと、適正な手続きにより執行するものであることから、市長は、多くの者が疑義を抱いている事件については、個人的意見、見解ではなく、違法、適法の判断の有権解釈を求め、その後、適正な事務処理を行なわなければならない義務がある。

よって、本市議会は、本件流用の可否について、早急に上級官庁に対し、意見紹介することを求める。

以上、地方自治法第九九条の規定に基づき意見書を提出する。

平成十四年二月十九日

武蔵村山市議会議長　比留間市郎

武蔵村山市長　志々田浩太郎殿

損害賠償（住民訴訟）請求事件の訴状

訴　状

二〇〇二（平成十四）年五月十日

東京地方裁判所　御中

被告　東京都武蔵村山市中原二ー三二ー二

志々田浩太郎

以下、当事者の表示省略

原告ら訴訟代理人弁護士　小　林　克　信

同　長　尾　宜　行

同　土　橋　　実

損害賠償代位請求住民訴訟事件

訴訟物の価額九五万円

貼用印紙代　八千二百円

請　求　の　趣　旨

1　被告は、武蔵村山市に対し、金千三百四十四万円及びこれに対する平成十四年四月三十日から支払い済みまで年五分の割合による金員を支払え

2　訴訟費用は被告の負担とする

との判決ならびに仮執行宣言を求める。

請　求　の　原　因

第1　当事者

1　原告らは東京都武蔵村山市の住民であり、同市の市議会議員である。

2　被告は同市において市長の職にあるものである。

第2　議会の否決した費途に対する予算流用と違法な公金支出

1　本件の経過

(1)　武蔵村山市（以下「市」という。）は平成十二年度予算の病院対策事業費に、市内に総合病院を誘致するための予算として、病院予定地に存在する体育館の解体工事費、土地の不動産鑑定評価委託料及び測量調査費などを計上したが、測量調査費を除いて他の予算は執行されなかった。

(2)　そのため、市は、平成十三年度予算の病院対策事業費に、再度上記病院対策事業関連予算

として、不動産鑑定評価委託料、体育館解体工事費、及び市道一〇号線接続道路整備費を計上した。しかし、その後も病院誘致に対する市民の意思形成がなされなかったことなどから、武蔵村山市議会（以下、「市議会」という。）は、平成十三年度予算に計上された病院誘致関連予算部分について、全額削除した上で同年度予算を可決した。

(3) しかし、市長たる被告は、特定の医療法人を主体とする病院誘致を強引に進めようと画策し、平成十四年一月二十一日、市議会の臨時会を招集し、当初予算で全額削除された病院誘致関連予算を柱とする補正予算を改めて提出したが、市議会は市長の提出した補正予算を否決した。

2　予算流用と違法支出

(1) ところが、市長たる被告は、二度にわたって病院誘致関連予算が否決されたにもかかわらず、特定の医療法人を主体とする病院誘致に固執し、同年一月三十日、病院誘致関連事業予算を所轄する市の部長に対し、平成十三年度予算の中で流用によって費用を捻出するよう指示した。

これに対し、市の部長職全員が市長たる被告に対し、議会の否決した費途に充てるために予算を流用することは好ましくないので再検討するよう建議したが、市長たる被告はこれに耳をかさず、かえって予算の流用を強行し、違法に予算を捻出した。

(2) 同年二月十二日、市長たる被告は、違法に流用した予算をもとに、①市と訴外株式会社内村工業との間で「旧第五小学校屋内運動場解体工事」請負契約を代金千百二万五千円で、②市と訴外有限会社東亜土木興業との間で「（主）一〇号線整備工事（その1）」請負契約を代金二百四十一万五千円で、それぞれ締結した。

(3)　そのため、同日、原告らは、市監査委員に対し、違法な予算流用に基づく違法な公金支出が行なわれ市に損害が発生するおそれがあるので、損害の防止、是正等必要な措置をとるよう住民監査請求を行なった。また、この間、市民から「体育館解体工事等の取り止めを求める請願」が提出され、同年二月十九日、市議会で可決されたりもした。

ところが、被告たる市長は、こうした世論を全く無視し、同年四月三十日、上記請負工事代金全額を支払った。

3　公金支出の違法性

予算は、地方公共団体の長がこれを調整し、議会の議決を経てこれを執行するものとされており（地方自治法一四九条一号、同二号、同法二一一条）、議会によって否決された予算は原則として執行することができない（同法一七七条）。したがって、市議会が明確に否決した病院誘致関連予算に関し、予算を流用して捻出することは議会の議決権を否定するものであって、明らかに地方自治法九六条二号に違反する。

なお、予備費については、議会の否決した費途に充てることはできないと明確に規定されている（同法二一七条二項）。この規定は、議会の予算議決権を尊重し、併せて地方公共団体の長の予算執行権限の濫用を阻止するために設けられたものである。この規定の趣旨からしても、本件公金の支出が地方自治法に違反することは明らかである。

4　被告の責任

すでに述べたとおり、市長である被告は、上記各工事請負契約を締結しただけでなく、各契約代金を違法に支払って、武蔵村山市に上記工事代金相当額の損害を与えた。
上記予算の流用、各請負工事契約の締結・支払当時、被告は市議会で否決された病院誘致関連事業に関するものであることを当然認識していたから、上記違法な財務会計行為によって武蔵村山市に損害を被らせたことについて故意・過失があることは明らかである。
したがって、被告は、武蔵村山市に対し、金千三百四十四万円の損害を賠償する責任がある。

第3　監査請求

原告らは、平成十四年二月十二日、被告の違法な財務会計行為について、武蔵村山市監査委員に対し、地方自治法第二四二条一項に基づく監査請求を行なった（甲1号証）。
同年四月十五日、同市監査委員は、原告らに対し、監査委員の合議が整わなかった旨の通知を行なった（甲2号証）。

第4　結論

よって、原告らは、被告に対し、地方自治法二四二条の二第一項四号前段に基づき、武蔵村山市に代位して、請求の趣旨記載の金額及びこれに対する代金の支払い日である同年四月三十日から支払済にいたるまで、民法所定年五分の割合による遅延損害金の支払いを求めるものである。

証拠方法　　（省略）
添付書類　　（省略）
当事者目録

原告十四名住所氏名（省略）
被告　東京都武蔵村山市中原一−三−一
志々田　浩太郎

東京地方裁判所の判決

平成十四年八月三十日判決言渡し
平成十四年（行ウ）第二二一号　損害賠償（住民訴訟）請求事件

判　　決

当事者の表示　別紙当事者目録記載のとおり

主　　文

1　被告は、武蔵村山市に対し、金千三百四十四万円及びこれに対する平成十四年四月三十日から支払済みまで年五分の割合による金員を支払え。
2　訴訟費用は被告の負担とする。
3　この判決は仮に執行することができる。

事　実　及　び　理　由

原告らは、主文第1項、第2項と同旨の判決及び仮執行の宣言を求め、請求原因として、「1　原告らは、武蔵村山市の住民であり、被告は、武蔵村山市長の職にあった者である。

2　被告は、平成十四年二月十二日、武蔵村山市長として訴外株式会社内村工業との間において請負代金を千百二万五千円と定めて旧第五小学校屋内運動場解体工事請負契約を、訴外有限会社東亜土木興業との間において請負代金を二百四十一万五千円と定めて主要市道一〇号線整備工事請負契約をそれぞれ締結し、同年四月三十日、上記各請負代金を支払った（以下「本件支出負担行為等」という。）

3　本件支出負担行為等の違法性について

(1)　被告は、武蔵村山市内に特定の医療法人を主体とする総合病院を誘致すべく、平成十三年度予算に病院誘致関連予算として病院予定地に存在する体育館の解体工事費、不動産鑑定評価委託料及び市道一〇号線接続道路整備費を計上したが、武蔵村山市議会は、これを全額削除した上で同年度予算を可決した。

(2)　被告は、平成十四年一月二十一日、武蔵村山市議会臨時会を招集し、病院誘致関連予算を柱とする補正予算案を提出したが、武蔵村山市議会は、これを否決した。

(3)　被告は、平成十四年一月三十日、担当職員に対して予算の流用（以下「本件予算流用」という。）を指示し、費用を捻出した上、本件支出負担行為等をした。

(4)　予算は、普通地方公共団体の長がこれを調整し、議会の議決を経てこれを執行するものであり、議会が否決した予算は原則として執行することができないのであるから、本件支出負担行為等は、議会の議決権を否定するものとして明らかに地方自治法（以下、単に「法」という。また、以下、地方自治法施行令を単に「施行令」と、地方自治法施行規則を単に「規則」とそれぞれいう。）九六条一項二号に違反するというべきである。なお、法二一七条二項は、予備費について、議会の議決権を尊重し、併せて普通地方公共団体の長の予算執行権限の濫用を防止するため、議会の否決した費途に充てることはできないと明確に規定しているのであり、この規定の趣旨からしても、本件支出負担行為等が法に違反することは明らかである。

4　武蔵村山市は、本件支出負担行為等により一千三百四十四万円の損害を被った。

5　被告は、武蔵村山市議会が病院誘致関連予算を否決したことを認識しながら、本件予算を流用し、本件支出負担行為等をしたのであり、故意又は過失があったことは明らかである。

6　原告らは、違法な予算流用に基づく違法な公金支出が行なわれるおそれがあるとして、平成十四年二月十二日、武蔵村山市監査委員に対し、監査請求したが、武蔵村山市監査委員は、同年四月十二日、監査委員の合議が整わなかった旨を通知した。

よって、原告らは、法二四二条の二第一項四号に基づき、武蔵村山市に代位して、被告に対し、損害金千三百四十四万円及びこれに対する本件支出負担行為等の終了した日である平成十四年四月三十日から支払済みまで民法所定の年五分の割合による遅延損害金の支払いを求める。」

と述べた。

被告は、適式の呼出しを受けながら、本件口頭弁論期日に出頭しないし、答弁書その他の準備書面も提出しないから、請求原因事実を争うことを明らかにしないものと認め、これを自白したものと見なす。

そこで本訴請求について判断するに、弁論の全趣旨によれば、本件予算流用は、款項の間においてなされたものではなく、目節の間においてなされたものであると認められるところ、法は、歳出予算の経費の金額は、各款の間又は各項の間において相互にこれを流用することができない（法二二〇条二項本文）と定めているが、目節の間における予算の流用については、これを禁止していないこと、目節は、款項が議会の議決の対象となる予算科目である（法二一六条）のと異なり、予算執行のために定められる予算科目でしかない（施行令一五〇条一項三号）ことからすると、普通地方公共団体の長は、当該普通地方公共団体の財務規則等に別段の定めがない限り、目節の間における予算の流用をすることができるというべきである。しかし、普通地方公共団体の議会は、予算について議決権を有しており、（法九六条一項二号）、普通地方公共団体の長は、予算を調整し、議会の議決を経なければならず（法二一一条一項）、長が予算を議会に提出するときにあわせて提出しなければならない予算に関する説明書においては、目節の内容を明らかにしなければならない（同条二項、施行令一四四条二項、規則一五条の二、別記予算に関する説明書様式）のであるから、議会は、予算について議決するに当たり、目節の内容について考慮することができること、普通地方公共団体の執行機関は、当該普通地方公共団体の条例、予算その他の議会の議決に基づく事務を誠実に管理し及び執行する義務を負う（法一三八条の二）のであるから、長は、予算を執行するに当たり、議会の議決を尊重しなければならないこと、法二一七条二項は、このような趣旨から、予備費について、議会の否決した費途に充てることができないと定めていると解されることによれば、議会の否決した費途に充てるためにされた予算の流用は、それが目節の間における予算の流用であったとしても、議会の議決権を侵害する違法なものであり、このような予算の流用を受けてされた財務会計行為は、財務会計法規に違反する違法なものというべきである。したがって、本件支出負担行為等は、財務会計法規に違反する違法な財務会計行為に当たるところ、上記事実によれば、武蔵村山市は、本件支出負担行為等により千三百四十四万円の損害を被ったというべきであり、かつ、被告には、故意又は過失があったというべきである。

以上によれば、本訴請求は理由があるからこれを認容することとし、訴訟費用の負担について行政事件訴訟法七条、民事訴訟法六一条を、仮執行の宣言について行政事件訴訟法七条、民事訴訟法二五九条一項をそれぞれ適用して、主文のとおり判決する。

〔口頭弁論終結の日　平成十四年七月十二日〕

東京地方裁判所　民事第三八部

裁判長裁判官　北　澤　晶

裁判官　内　野　俊　夫

市長の辞職勧告決議

武蔵村山市長志々田浩太郎君は、昨年十二月二十八日に行なわれた市役所の仕事初め式において、市職員の前で「市民総合センター、体育館、温泉施設等に着手したので目的を達した。このため、燃えつきた云々。」とあいさつしている。また、今年年頭にもモノレールの延伸についての要望をしないということを言っている。さらに、去る一月十日には今夏の参院選に向け、市長の職を辞職したいという内容を副議長に伝え、会派代表者会議を開かせておきながら、いざその場では「助役の専任について」などと問題をすり替える始末。こうした市長の身勝手な言動から、庁内はもとより、市民、議会をも混乱させた責任は重大であり、今後、市政を担当することを容認できない。

したがって、武蔵村山市議会会議規則第十三条により、当市議会は、市長志々田浩太郎君の辞職勧告を決議するものである。

武蔵村山市議会

○一年一月二十二日議決

○一年三月二日再議決

市長に対する問責決議

市長は、去る一月二十二日臨時会において議決した市長の辞職勧告決議を、地方自治法第一七六条第四項に基づき、議会が越権として再議に付した。法第一七六条第四項の越権とは、議会の権限外、つまり無権限の事項について議決した場合を指すのであって、上記辞職勧告決議は議会の正当な権限によるものであることは明白である。そもそも法第一七六条第四項は、議会の越権もしくは違法な議決または選挙に対しては、市長は再議に付すことを義務づけられている規定であることから、越権もしくは違法な議決であることが客観的事実としてなければならず、越権もしくは違法でない議決を再議に付すことはできないものである。以上のことから、市長のなした再議は市長権限の乱用に当たり、法第一七六条第四項の注意を損なうものである。よって、市長を問責する。

平成十三年三月二日

武蔵村山市議会

市長に対し反省を求める決議

本市にとって医療機関の充実は、長年の市民の願いであった。しかしながら、今回の医療機関（徳洲会）の進出については、今定例会における一般質問や委員会における請願、陳情の審査でも明らかになったように、その計画について市民になんら説明もなく、また、医師会とも調整もなされず、その上、議会にも報告がなされないまま協定を締結するなど、市長は単独で誘致に関する事務を進め、その結果、多くの問題を引き起こしている。

こうした地域住民を初め、医師会、議会を無視した市政運営がなされれば、市政の私物化につながることが危惧される。

以上により、本議会は市長に対し、今後かかることのないよう要望するとともに、反省を求める決議をするものである。

平成十一年十二月二十一日

武蔵村山市議会

市長に対する問責決議

市長は、一月二十一日第二回臨時議会において議員の質疑中にもかかわらず、「出来レースよりいいでしょう」「ふざけるな」などの不規則発言を繰り返した。

市長はみずから提出した議案に関し、説明義務を負っているのであって、議員の質疑に対し、かかる暴言は議会の品位を汚し、議会を侮辱するものであって、常軌を逸したものと断ぜざるを得ない。

しかも市長は、発言の取り消し、陳謝すら拒んだ。

よって、本議会は市長を問責する。

平成十四年一月二十二日

武蔵村山市議会

あとがき

七期にわたる地方議員の活動に終止符を打ち早くも五年が経ったが、現住地は東京駅や羽田空港からの交通の便に恵まれていることもあり、各地から相談のためにわざわざ来訪する議員が後を絶たない。電話やＦＡＸでの相談事も多く、各地の議員の駆け込み寺のような状態に置かれている。そのため、現職時代に思い描いていた定年退職者のような優雅な境遇は無理なようである。だが、自身の活動の実績を後の世代に引き継ぐのは残された仕事と割り切り、相談相手が切迫した状況下におかれているときなどは、共に戦っている気持ちで誠実に対応しているつもりである。

議会改革の意欲がありながら、旧弊の厚い壁に跳ね返され、その実が上がらないとの悩みの相談には、おおむね次のように助言している。

「議会の活性化で具体的な提案をするときは、それまでの慣例などは全否定することなく先輩議員のメンツに配慮し、世の動向などを理由に上げて具体的な改革の主張をする。これが先輩議員に対する「アメ」で、「ムチ」としては、露骨に反対した議員の発言は具体的に『議会報告』に書くことで世論の批判にさらす。これを何回か繰り返すとへ理屈を口にする議員を沈黙に追い込む効果がある。自分が正しいと信念を持って主張しても簡単に認められないのが議会という世界だから、一九九八年に全国市議会議長会の都市行政問題研究会がまとめた『地方分権と市議会の活性化に関する調査研究報告書』や『議員必携』（学陽書房）を自説の補強・補完のために利用する。『行政実例』や『実例・判例集』などを調べ、いいとこ取りをやり、これも自説の補強に利用する。あきらめずに主張し続ける執念と、孤立を恐れない勇気と説得力が必要である」

このように話しても、『地方分権と市議会の活性化に関する調査研究報告書』は当時、全国の市議会議員に配付され『全国市議会旬報』にも載っているにもかかわらず多くの議員が配付された認識もなく、したがって目を通していない。これでは文字通りの宝の持ち腐れ状態である。そこで本書は、各地の議会の具体例にわたしの解説（毒舌）を補強する形で前記の『活性化に関する調査研究報告書』と『議員必携』を各所に引用させていただいた。そのため、柄にもなく議会改革の手引書のようになった。

委員会中心主義で運営している議会の議員の多くは各常任委員会に審査を任せっぱなしにする傾向があるが、委員会付託前の本会議の質疑、委員外議員の発言、委員長報告に対する質疑、本会議の討論——など本会議の採決までの四回の発言の機会を十分に活かすことにより議会を活性化させ、同時に行政と議会に緊張感を与える効果があると助言している。不当な攻撃にさらされている議員には、地方自治法（特に規律に関する規定等）を熟知して自己防衛策を身に付け、反撃に転じられる心構えの重要性も説き続けてきた。

議会改革に情熱を燃やす議員のたゆまぬ努力により全国のすべての地方議会が「市民常識の通用

する」「開かれた議会」に変貌を遂げることを期待しつつ……。

ふくおひろし

二〇〇四年十二月

参考資料等一覧

『議員必携』第七次改訂新版、全国町村議長会編、学陽書房、二〇〇三年
『地方分権と市議会の活性化に関する調査研究報告書』全国市議会議長会都市行政問題研究会、一九九八年
『チホー議会の闇の奥』戸田ひさよし著、明月堂、二〇〇一年
『東京村デスマッチ議員奮戦記』ふくおひろし著、朝日新聞社、一九八七年
『ザ・地方議会』ふくおひろし著、三一書房、一九九五年
『地方議会議員生態白書』ふくおひろし著、インパクト出版会、一九九九年
『デスマッチ議員の遺書』ふくおひろし著、インパクト出版会、二〇〇一年
『増補新判・地方議会議員生態白書』ふくおひろし著、インパクト出版会、二〇〇二年
『北斗新報』北斗新報社
朝日新聞・毎日新聞・読売新聞・サンケイ新聞・東京新聞・愛媛新聞

ふくおひろし（富久尾浩）
略歴
革新無所属・市民派議員の草分けとして東京・武蔵村山市議会議員を７期務め、99年に引退。「辛口・地方〈痴呆〉議会評論」と称して全国各地の議会の民主化を目指し、理論に裏付けられた毒気を振りまき続けている。
在職中の1986年、議会改革と行政チェックの戦いを書いた『たった一人の革命』で「第二回ノンフィクション朝日ジャーナル大賞」受賞。

地方議会活性化マニュアル
2005年3月10日　第１刷発行
著　者　ふくおひろし
発行人　深　田　　卓
装幀者　貝　原　　浩
発　行　㈱インパクト出版会
東京都文京区本郷 2 - 5 - 11 服部ビル2F
Tel 03-3818-7576 Fax 03-3818-8676
E-mail：impact @ jca. apc. org
URL：http : www. jca. apc. org /impact /
郵便振替　00110-9-83148

印刷・製本　モリモト印刷